【文庫クセジュ】

ストア派

ジャン=バティスト・グリナ著
川本愛訳

白水社

日本語翻訳版への序

ストア哲学は、「ヘレニズム期」と呼ばれる時代、紀元前三〇〇年頃にアテナイにおいて生じた。ヘレニズム期はアレクサンドロス大王の死から始まる。この時代にギリシアのポリスの政治的な独立は失われたが、ギリシア文化の影響は、アレクサンドロスの征服によって、地中海の全地域、小アジア、そしてインドに至るまで広がった。ストア哲学が属するのは、プラトンやアリストテレス（アレクサンドロスの哲学教師）のような、偉大な古典期の哲学者たちの時代ではなく、民主的な文化が衰退したことと、とくに小アジアとインドへと、ギリシアが軍事的、政治的、文化的に拡張したこと（その後、より開放的な文化を伴って、ローマが拡張したこと）を特徴とする時代である。

ストア哲学はローマにおいてとてもよく受けいれられ、ローマ社会のあらゆる階層に広まった。有名な人物としては、ネロ帝の補佐だったセネカ、元奴隷のエピクテトス、そしてマルクス・アウレリウス帝（一二〇―一八〇）が挙げられる。ローマにおいて、ストア派のいくつかの特徴――とくに、自己の制御、苦痛への無関心、死の受容――は、ローマ人の武勇の徳にとりわけよくなじんだ。ストア派がおよそ五〇〇年間もギリシア・ローマ世界において最も影響力のある哲学の一つとなりえたのは、このためである。哲学の学派としては、ストア派は三世紀以降しだいに教授されなくなり、六世紀には完全に消滅した。やがてキリスト教が、ローマ帝国の国教となるにとどまらず、ギリシア哲学の最後の生き残りであるプラトン主義を失墜させることになる。

しかしながら、ストア派が完全に息絶えることは決してなかった。ストア哲学の数多くの要素はギリシア・ラテン文化に浸透し、さらにユダヤ・キリスト文化にも浸透した。ルネサンス期に西洋においてギリシア文化が再発見されたとき、ストア哲学も再発見された。そして「ストア派（stoïcisme）」という言葉そのものが普通名詞とされるようにまでなり、ヨーロッパの言語の大多数において、それは苦痛と死を前にしたときの忍耐と平静さを意味する。

西洋が日本文化を発見したとき、ストア派と、日本文化のいくつかの要素――とくに、神道、仏教、武士道における諸要素――が比較された。この比較が適切であるかどうかを私が述べることはできないが、日本の読者が自分で判断するために本書が役に立てば幸いである。

実のところ、ストア派は大いにギリシア的であり、そして同じくらいにローマ的でもある。だが、その創始者であるキティオンのゼノンがフェニキア系だったこともあり、数多くの文化から影響を受けている。とくに、アレクサンドロス軍の征服者たちは、インドで知者たちを発見し、「ギュムノソピスタイ」つまり「裸の知者たち」と呼んだ。ディオゲネス・ラエルティオス（『哲学者列伝』九・六一）によると、懐疑主義の創始者であるピュロンは、ギュムノソピスタイから直接の影響を受け、彼らから真実の把握不可能性と判断の保留という考えを得たという。この接触によってピュロンが仏教の影響を受けたかもしれないとまで考える現代の歴史家もいるが、広い支持は得られていない。ストア派については、古代の歴史家たちはこのような直接の接触を述べておらず、ストア派への仏教の影響を立証しようとしても無駄だろう。とはいえ、いくつかのストア派の考え方——自然と調和した生、宿命の受容、苦痛と死の軽視——がインド人の知恵と仏教にかなり近く、これらが古典期のギリシア哲学にはほとんどなかったということは確かである。しかしながら、宿命への感覚がすでにギリシア悲劇において、死の受容がプラトンの『パイドン』において見られることを考えると、ストア哲学はギリシアの思想のうちに位置づけられる。またストア派は、プラトン哲学とアリストテレス哲学への反発として大きく発展し、同時代の哲学、とりわけ、プラトンの死後にアカデミアを支配した懐疑主義と戦わなければならなかった。

ストア派の成功の理由は、おそらく、それが強固な理論的整合性をもつ哲学であると同時に、生活規則と具体的な適用をそなえた実践的な知恵でもあった、ということである。ストア派哲学者たちは哲学における「体系（システム）」の開発者であり、彼らの哲学は倫理学、自然学、論理学を含み、非常に精緻な論証を特徴とする。それと同時に、彼らは哲学を「アスケーシス」すなわち訓練としてとらえ、その訓練の目的は、私たちが「自然と調和して」生きることによって幸福に到達することである。ストア派は、きわめて理性主義的な哲学でありながら（たとえば、プラトンやアリストテレスとは違って、ストア派は私たちの情念が魂の非理性的な部分に由来すると考えなかった）、超越性も形而上学的な面も伴わず、自然から離れることのない哲学でもある。ストア派にとって神とは私たちを超越した存在ではなく、宇宙に内在する理性的な原理であり、肉体のうちの魂に比べられる。ストア派は、世界と自然を、私たちがその一部分でしかないような一種の巨大な生命体であると考え、そしてこの生物は、個々の動物たちの場合と同じように、一つの魂によって導かれているとした。したがって、ストア哲学は、矛盾する願望を満足させることに成功した哲学だといえる。それは実践的で単純であるが（この点はローマ人の実践を重んじる気質によく適った）、洗練されていて巧妙でもある（この点はギリシア人の教養を重んじる気質によく適った）。宇宙において神が存在すると主張したが、超越性を拒否し、私たちが経験することも触れることもできないような、非物体的なものの存在も拒否した。

ストア派の西洋文化における成功は、「ストア派」という言葉がある種のものの見方と人生の態度を意味するということにはっきりとあらわれている。この態度——できごとを避けられないものとして受容する——は、人びとがそのような態度をストア派のものだとしたゆえに、「ストイック」と名づけられた。このように名づけることはストア派の実践と文章のうちにある程度の根拠をもっているが、いささか単純化されすぎたイメージである。なぜなら、ストア派の理論的な側面も、ストア派倫理学のより能動的な側面も忘れられているからである。「義務」についての最初の哲学を作りあげたのは、とりわけストア派である。義務という概念は、キケロの『義務について』において具体的に説明されており、キケロはストア派ではなかったが、この問題についてはストア派に多くを負っていると認めている。したがって、ストア派は、「ストア派」という言葉が一般的に意味するところとは違い、ただ受動的な仕方で宿命に従うことをよしとせず、数多くの義務を規定したが、しかしストア派の義務の概念は、後にカントにおいて頂点に達することになるユダヤ・キリスト教の義務の概念とくらべてずっと緩やかである。

ストア哲学は、言い伝えによれば、奴隷のエピクテトスが拷問に耐えるのを助けたという。同様に、皇帝のマルクス・アウレリウスが皇帝としての責任を果たすのも助けた。「人生において君を守るために付きそってくれるものは何だ？　たった一つ、哲学だけだ」。マルクス・アウレリウスは自分に向かってこう言った（『自省録』二・一七・三）。ストア派の最も魅力的な点の一つは、おそらく、それが学問に身を捧げる教授たちのための哲学であると同時に、観想的な生活を送る時間のない、実践の人たちのための哲学であるということだろう。

この小さな本が、日本の読者にストア哲学を発見させ、またストア哲学についてもっと読みたいという気持ちを起こさせてくれるように願う。

最後に、日本語翻訳者の川本愛に感謝したい。彼女の聡明さと博識のおかげで、フランス語版にあった十か所ほどの参照箇所の誤りあるいは不正確な部分を訂正することができた。

ジャン゠バティスト・グリナ

二〇一九年四月二十六日　パリ

目次

凡例

・原書の注は、章ごとに〔1〕〔2〕と番号を振り、巻末にまとめた。
・訳者による注は＊を付し、傍注とした。

序

「ストア派[*1]（Stoïcisme）」は、普通名詞であると同時に哲学の学派の名称でもある。大半の辞書はこの普通名詞を哲学の学派を参照することによって定義している。たとえば『リトレ大辞典』によれば、ストア派とは「ストア派哲学者のような、苦しみにおける断固とした態度」のことである。このような「ストア派」の実例は、古代のストア派哲学者たちのもとで簡単に見つかる。エピクテトスは拷問に耐えたし[1]、セネカは死を命じられると、涙にくれる友人たちを慰めてから、自ら血管を開いた[2]。苦痛と死への無感覚を伝えるこうした話によって、一般的なストア派のイメージが作られ、普通名詞

*1　フランス語では、ストイシスム（Stoïc.sme）＝ストア哲学（主義）、ストイシアン（stoïcien）＝その信奉者という区別があるが、日本語では一般に両方とも「ストア派」と呼ばれている。本書では、基本的に両方とも「ストア派」と訳し、意味を明確にしたいときには前者を「ストア哲学」、後者を「ストア派哲学者」ないし「ストア哲学の信奉者」として訳し分けた。

が成立した。一般的なストア派のイメージとは、「ストイック」でいることができる知者、つまり、苦痛と死に際して平静さを失わず確固としてふるまい、自分の運命を気にかけず、いかなる状況においても冷静で平常心を保ち、快楽、富、名誉に無関心で、無感覚と言っていいほど断固としていて、とりわけ宿命論者であるというイメージである。ストア派の知恵についてのこのイメージにはいくばくかの真実がある。だが、その知恵に正確には一致しないような、誇張と風刺も含まれている。というのも、ストア派哲学者は宿命論者ではないからである。彼は宿命論の議論である「怠惰な議論」を反駁する[3]。それに「彫像のように無感覚である」[4]ことも望まない。

ストア学派は、紀元前三世紀の初めに、キティオンのゼノンによってアテナイで創設された。ゼノンはアゴラ（広場）の柱廊の下で講義していて、この柱廊はそれを彩る絵のために「彩色柱廊」（ギリシア語で「ストア・ポイキレ」）と呼ばれていた。ゼノンの最初の弟子たちは「ゼノンの徒」と呼ばれていたが、まもなく彼らが集まる場所の名前によって彼らを意味するのが習わしとなり、学派は「ストア（柱廊）」と呼ばれ、その信奉者は「柱廊の徒（ホイ・ストイコイ）」と呼ばれた。フランス語では、まず「ストイック（stoïques）」という語が用いられ、その後十七世紀になってから、「ストイシアン（stoïciens）」という語がストア哲学の信奉者と「すべてに無感覚な人」とを区別するために用いられた。ストア学派は教育機関として紀元前一世紀まで存続し、その後ローマ帝国内で広まったが、紀元後三世紀中頃に消滅した。

ストア派はそのほとんどが失われた哲学である。学派の創設者たちの著書はすでに古代末期には失われ、今日まで伝わるのは古代ストア派の歴史の最後の数世紀に書かれた作品だけである。現存する最も古い作品は紀元後一世紀までにしか遡らず、また全部で五人の著者の作品しか残っていない。セネカ、コルヌトゥス、エピクテトス、マルクス・アウレリウス、クレオメデスであり、さらに部分的に現存している作品としては、アレイオス・ディデュモスとムソニウス・ルフスのものが挙げられる。これより以前のストア派の著作家については、後世の著作家による証言しか利用できない。これらの後世の著作家たちのうち、ある者はいわゆる「学説誌家」、つまり主題と学派ごとに分類された学説のコレクションを作成する編纂者だった。たとえば偽プルタルコス（アエティオスとも呼ばれる）の『哲学者たちの自然学説誌』、あるいはストバイオスである。またある者は哲学の歴史家であり、たとえばディオゲネス・ラエルティオスはさまざまな哲学の学派の歴史をその教説を要約しながら語った。そのほかにまた、ストア派、あるいはほかの学派に属する哲学者たち（キケロ、ピロデモス、プルタルコス、ガレノス、アプロディシアスのアレクサンドロス、セクストス・エンペイリコス、プロティノス）、さらにキリスト教の護教家（オリゲネス、エウセビオス）がいる。このうち最初の二つのタイプの著作家はある程度の客観性を持ちうるが、そのほかの著作家はときに論争的であり、論争のために、彼らが攻撃したり反駁したりするストア派の考えを歪曲することがある。

現役の思想運動としては消滅したがゆえに、ストア派はかえってその歴史の制約をのりこえ、一般的な文化の欠かせない部分となった。さらに、ストア派は幾度も、とくにルネサンス期に復興した。ルネサンス期以降、ストア派の復興はテクストの読解および創設者たちの教説を再構築する試みと不可分である。それゆえ、教説から離れたストア派のイメージの出現は、専門家による歴史上のストア派の再発見を伴っていた。

したがって、歴史についてもイメージについても、一つのストア派があるのではなく、複数のストア派がある。日常生活におけるストア派、つまり一種の我慢や忍耐や無感覚としての、あるいは人生に対する態度としてのストア派がある。教育機関として存続した古代の哲学の学派としてのストア派があり、また古代から現代にいたるまでの、その教説の哲学的な分身たちがいる。だが多様なストア派が存在するからといって、これらすべてのストア派に共通する一つの本質がないわけではない。

日常的な意味での「ストア派」はそれ自体として一定の正当性を持っている。というのも、すでに古代から、ストア派はたんなる理論的な体系ではないからである。エピクテトスはこう言っている。「誰かが私に「クリュシッポスの読み方を教えてください」と言って、もし私がクリュシッポスの言葉に似つかわしくそれらと調和する行為を示すことができなければ、私は赤面するだろう」(『提要』四九)。

したがって、人生に対する態度としてのストア派は、古代から多くの点で哲学の教説としてのストア派の一部をなしている。それゆえ、人生に対する態度としてのストア派を深く理解することは、古代における思想運動としてのストア派を理解することと不可分である。

第一章　ヘレニズム期のストア派

Ⅰ　学派の歴史と発展

1　ゼノン（前三三四／三三三年―二六二／二六一年）と学派の創設

ゼノンはキュプロス島のキティオン（ラルナカ）で前三三四年頃に生まれた。つまりゼノンが生きたのは、「ヘレニズム期」と一般に呼ばれる時代（前三二三年のアレクサンドロス大王の死から前三一年のアクティウムの海戦まで）の初めである。アテナイにおけるストア学派の歴史はほぼヘレニズム期に重なる。というのも、アテナイのストア学派が消滅したのは、おそらくスッラの率いるローマ軍がアテナイを占領した前八六年のことだったからである。

ゼノンはムナセアスという裕福な商人の息子だった。言い伝えによれば（ディオゲネス・ラエルティオス『哲学者列伝』七・二―三）、前三一二年頃、商品を積んだ船に乗っているときペイライエウス港の近くで難破した。ゼノンはアテナイへ行ってたまたま本屋へ入り、クセノポンの『ソクラテスの思い出』を読みはじめた。たちまちゼノンは哲学者たちに会ってみたくなり、本屋の主人がちょうどそこへ通りかかったキュニコス派のクラテスをゼノンに示したので、それでゼノンはクラテスの弟子になった。この話はゼノンが受けたキュニコス派の教育とソクラテスの伝統とをうまく結びつけていて、事実にしてはできすぎかもしれない。いずれにせよ、ゼノンには四、五人の教師がいたと伝えられている。クラテスのほかに、アカデメイア派のクセノクラテスとポレモン[1]、メガラ派のスティルポンと問答法家のディオドロスである[2]。ゼノンが前三一四年頃に死去したクセノクラテスの弟子だったということはありそうにないが、そのほかの四人の弟子だったということは確かだろう。事実ゼノンには、キュニコス派、アカデメイア派、そしてメガラ派の論理学という、何らかのかたちでソクラテスを継承する学派からの三重の影響が見られるのである。

この三重の影響に、まずヘラクレイトスの影響を加えなければならない。とくに、ゼノンが火を特別な構成要素として重視したことはヘラクレイトスに負っている。また、ピュタゴラス派についての本をゼノンは書いた（ゼノンの永遠回帰の宇宙論はピュタゴラス派に由来するようである）。最後に、アリストテレスの影響が倫理学と自然学の分野において見られる[3]。以上の教師たちと先駆者たちからの影響に加えて、ゼノンが同時代人たちとの競争あるいは論争に参加したということがはっきりと見てとれる。たとえばゼノンと同じ教師に師事したアカデメイア派のアルケシラオスと問答法家のピロン、またおそらくはテオプラストス、エピクロス、メガラ派のアレクシノスなどである[4]。

ゼノンの最も有名な著作の一つである『国家』は、彼が若いときの作品で、「犬の尻尾にくっついて行って書かれた」(ディオゲネス・ラエルティオス『哲学者列伝』七・四)、つまり、まだゼノンがクラテスの影響下にあったときに書かれたものだと評価されている[5]。『国家』が若いころの作品であるという特徴づけは、その過激だとされる内容(性的な自由、宗教批判、人肉食など。実際に論じられたのかもしれないが、中傷かもしれない)についてゼノンの責任を免除しようとした著作家たちによって後からねつ造されたのかもしれない。いずれにせよ、『国家』にキュニコス派の影響があるのは事実である。同様に、ゼノンが、魂は物体でありプラトンの「イデア」は思考の対象でしかないとして、非物体的な実体が存在するというプラトン的な主張を批判したのも、キュニコス派とメガラ派の流れを汲んでいる[6]。

多くの場合、ゼノンに帰されることと彼の後継者たちに帰されることとを厳密に区別するのは難しいが、ストア学派の根本的な教説の大半はゼノンによるものである。

ゼノンは哲学を三つの部分に分けた。自然学、倫理学、論理学で、この区分はおそらくアカデメイア派に由来する[7]。キケロは『アカデミカ後書』一・三五–四二において、(キケロによれば)ゼノンが哲学にもたらしたという主要な革新について要約している。倫理学においては、ゼノンは、ただ徳だけが善であり悪徳だけが悪であるが、善悪無差別のもののうち、たとえば健康のようなものは優先される価値をもつものであると主張した。また、徳の獲得を純粋に理性に関する問題だとした。「義務(適切なこと)」という概念を発明し、義務のうちに完全な義務というカテゴリーを区別した。あらゆる情念を否定し、情念を誤った判断として考えた。自然学においては、火を最も重要な構成要素とし、非物体的なものにいかなる因果的な働きも認めなかった。論理学においては、表象を外界の対象からの刻印として定義し、「把握的」表象を真理の基準とした。

以上の簡単な要約は、ゼノンの独創性を部分的にしか説明していないかもしれない。だが、以降のストア派の歴史全体にわたって、後継者たちがしばしばゼノンの教説の解釈について争ったにもかかわらず、ゼノンは根源的な権威でありつづけるのである。

2 クレアンテスからパナイティオスまでのストア学派

ゼノンの死後、ストア学派は教育機関として存続した。ゼノンには六人の後継者がいた。クレアンテス（前三三一―二三〇）、クリュシッポス（前二八〇―二〇四）、タルソスのゼノン、セレウケイアのディオゲネス[*1]（前二三〇―一五〇／一四〇）、タルソスのアンティパトロス（前二一〇―一二九）、ロドスのパナイティオス（前一八五―一一〇）である。パナイティオス以降、アテナイでのストア学派の消息は不明だが、その時期にポセイドニオスがロドスでストア派の学校を開いている[8]。

小アジアのアッソス出身の元拳闘家、クレアンテスは、おそらく歳を取ってからアテナイへ来て、十九年間ゼノンの弟子として過ごした後（ディオゲネス・ラエルティオス『哲学者列伝』七・一七六）、彼の後を継いだ。ゼノンには数多くの弟子がいて、そのうちクレアンテスのほかに有名なのは、おそらくアリストンと、ゼノンのお気に入りだったキティオンのペルサイオスだろう。ゼノンの臨終のとき、ペルサイオスはマケドニアの宮廷にいたし、ほかの弟子たちの大半は多かれ少なかれゼノンと異なる意見を採っていた。だからゼノンは、あまり鋭敏ではないが正統な教説を熱心に守護したとされる（ディオゲネス・ラエルティオス『哲学者列伝』七・三七）クレアンテスを、後継者に選んだのである。クレアンテスは、それから百歳で死ぬまでの三十二年間、ストア派の学頭を務めた。

クレアンテスの重要性は、まずゼノンの自然学を発展させたことにある。ゼノンの自然学についてクレアンテスは本を書いた（ディオゲネス・ラエルティオス『哲学者列伝』七・一七四）。クレアンテスはゼノンの自然学におけるヘラクレイトス的な部分、とくに魂が「プネウマ（気息）」であるという理論を強調した[9]。「トノス（緊張力）」の理論、つまり、万物の実体が、火によって生みだされた緩むことのない緊張力を受けているという理論[10]を初めて提唱したのは、クレアンテスだったようである。クレアンテスはこの理論を倫理学にも応用し、徳とは火によって生まれたこの衝撃から来る「力」であるとした[11]。クレアンテスは、同時代人のアラトス（クニドスのエウドクソスによる宇宙の体系から着想を得た天文学詩『星辰譜』[12]の作者）と同様に、地球中心説をとった。彼の『アリスタルコスへの反論』は、アリス

＊1　バビュロニアのディオゲネスとも呼ばれる。

タルコスという太陽中心説を唱えたペリパトス派の学者に反対して書かれたものである。アラトスのように、クレアンテスはいくつかの作品を韻文で書き、なかでも『ゼウス頌歌』は今日まで残っている。論理学においてもクレアンテスは重要な役割を果たしたようである。というのも、「レクトン（言表されうるもの）」という用語を発明したし[13]、表象の定義を再解釈したからである。

最も過激な異端学説を唱えたのはキオスのアリストンだった[14]。アリストンは論理学、自然学、倫理学という哲学の区分に反対して倫理学しか認めず、論理学を実生活の役に立たない蜘蛛の巣にたとえ、ソクラテスの口ぶりで自然学は人知を超えていると述べた。倫理学においてさえ、アリストンは複数の異端学説を主張した。すなわち、善悪無差別のもののうちに優先されるものは存在しないことと、ただ一つの徳が存在するということである[15]。彼の存命中、アリストンの教えはクレアンテスの教えよりも成功したようである（ディオゲネス・ラエルティオス『哲学者列伝』七・一八二）。

ゼノン以降のストア派の歴史で最も重要な役割を演じたのは、クレアンテスの後を継いだクリュシッポスである。クリュシッポスはその論理学者としての類いまれな才能を発揮してストア哲学の体系を再建し発展させた。「もしクリュシッポスがいなかったなら、ストア派は存在しなかっただろう」（ディオゲネス・ラエルティオス『哲学者列伝』七・一八三）と言われたほどである。クリュシッポスはアナトリアにおけるギリシアの植民都市ソロイに生まれ、おそらくアカデメイア派のアルケシラオスとゼノン本人の弟子だったと考えられるが、唯一確実なのはクレアンテスの弟子だったということである。クリュシッポスとクレアンテスのあいだでしばしば意見の不一致があった（ディオゲネス・ラエルティオス『哲学者列伝』七・一八〇）。言い伝えによればクリュシッポスは一日に五〇〇行も書き、七〇〇巻以上というかなりの数の著作を残した。その著作のうちの半数近くが論理学を扱っている。クリュシッポスの著作は初期のストア派を代表するものである。

クリュシッポスの四人の後継者のうち、パナイティオスが最も重要だったのは確かである。クリュシッポスの直後の後継者であるタルソスのゼノンは重要ではなかったらしく、彼について今日ほとんど何もわかっていない。だが彼の後継者たち、セレウケイアのディオゲネス（前二三〇－一五〇／一四〇）とタルソスのアンティパトロス（前二一〇－一二九）は重要だった。ディオゲネスこそがローマにストア派を導入した。それは前一五五年、哲学の主要な三学派の学頭――アカデメイアを代表してカルネアデス、リュケイオンを代表してクリトラオス、そしてディオゲネス――からなる使節団が、アテナイからローマへ派遣されたときのことだった。ディオゲネスは論理学において重要な著作を残した。すなわち、彼の『音声論便覧』が論理学に関係した（ディオゲネス・ラエルティオス『哲学者列伝』七・五五）。キケロ（『アカデミカ前書』二・九八）によれば、アカデメイア派のカルネアデスに論理学を教えたのもこのディオゲネスだった。自然学においても彼は大きな役割を果たした。彼の師であるタルソスのゼノンと同様に、ディオゲネスは宇宙の永遠回帰を疑った。彼の後を継いだアンティパトロスとパナイティオスのほかに、三人の弟子がよく知られていた。セレウケイアのアポロドロス――彼はキュニコス派を「徳への近道」

として称揚したと伝えられる（ディオゲネス・ラエルティオス『哲学者列伝』七・一二一）――、タルソスのアルケデモス、シドンのボエトスである。タルソスのアンティパトロスも、ディオゲネスと同じく、論理学を革新したことで知られている（定義、前提が一つしかない推論の発明、推論の分析のより簡潔な方法）。キケロ（『義務について』三・五〇－五七、九一－九二）の伝えるところでは、ディオゲネスとアンティパトロスのあいだに、利益と善に関して起こる義務の衝突について重要な見解の相違があったということである。また、ディオゲネス、アンティパトロス、アルケデモスのそれぞれが、目的の新しい定義を提案した[16]。

II　初期ストア派の体系――クリュシッポス

1　訓練と体系としての哲学

ストア派は、「哲学」という言葉を発明したピュタゴラスに伝統的に帰されている、哲学と知のあいだの区別を引きついだ。語源からは、「哲学」は「知への愛」を意味する。ストア派によれば、「知とは神々に関する事柄と人間に関する事柄についての知識」であり、哲学は「それに適合したものにかかわる技術の訓練」[17]、「徳の訓練」、あるいは「正しい理性（ロゴス）の探究」[18]である。この二つの定義は同じことを意味する。というのも、理性とは魂に刻印された観念の集合であり[19]、そしてこの集合の完成こそが徳なのだから。知識はまた、さまざまな認識からなる揺るぎない全体でもある。[*1]

したがって、哲学とは、知識、すなわち正しい理性へと到達するための訓練である。セネカはギリシア語の「アスケーシス」と「エピテーデウシス」を「ストゥディウム」と翻訳した。これらすべては同じことを意味する。つまり、理論の勉強ではなく、何かをするための訓練に励むことである[20]。実際、クリュシッポスを含めたストア派は以下の二つを区別している。哲学の言論、「訓練」としての哲学、そして訓練から生じる知(徳、知識)である。哲学とは、哲学の言論から切り離すことのできない実践、あるいは訓練である。セネカ(『倫理書簡集』八九・八)によれば、ストア派哲学者たちのあいだで次のような問題が議論になった。この「ストゥディウム」は知と徳に到達する前にしか行われないのだろうか、それとも知と徳とを獲得した後も続くのだろうか。クリュシッポスは後者の考えをとったようである。このようにして、哲学と知のもともとの区別は変更された。すなわち、哲学はもはや知の獲得のためのたんなる準備ではなく、徳が獲得されたなら、知の実践そのものとなるのである。

このような見方に立って、ストア派は徳を三つに分け、徳だけでなく、哲学の言論、あるいは哲学そのものも三つに分ける。「徳は、最高位の類としては、三つである——すなわち、自然学、倫理学、論

*1　ストバイオス『精華集』二・七・七三頁—七四頁＝SVF三・一一二。

理学の徳である。この理由によって、哲学もまた三つの部分を持つ――すなわち、自然学、倫理学、論理学の部分である。自然学は、われわれが世界と世界のなかにあるものについて探求する場合の部分であり、倫理学は人間の生活に関する部分であり、論理学は言論に関する部分であり、彼らはこの部分を問答法とも呼んでいる[21]」。この要約において、哲学は実践というより理論的な探究であるようにみえる。だがディオゲネス・ラエルティオス『哲学者列伝』七・三九―四一によると、クリュシッポスにとってこの区分は哲学の言論の区分であって哲学そのものの区分ではなかった。

実際に、哲学の教育と学習は、部分を区別すると同時にそれらの部分を混ぜながら進められた。このことは次の比喩が示している。哲学は卵、畑、あるいは動物にたとえられ、殻は論理学、白身は倫理学、黄身は自然学であるとか、果樹が自然学、果実が倫理学、それらを守る囲いが論理学であるとか、骨と腱が論理学、血と肉が自然学、倫理学が魂であるというように言われる[22]。

「体系（システム）」について語ることができるのは、この意味においてである。ストア派は「体系」という言葉を使って次のように技術を説明した。技術とは「人生における何らかの有用な目的のためにともに働かされる、さまざまな把握からなる体系」である、と[23]。ところが、徳とは人生の技術である[24]。技術である以上、徳とは「ともに働かされる」認識の全体であり、したがって技術も徳も認知的な側面を持つと同時に――というのも徳と技術は認識（あるいは「テオーレーマ（理論）」の認識）の全体なのだから――、実践的な側面と体系的な性格を持つのである。

2　論理学

（A）問答法と弁論術

すべてのストア派が論理学を二つないし四つの部分に分けている（ディオゲネス・ラエルティオス『哲学者列伝』七・四一）。すべてのストア派が認める二つの主要な部分は、弁論術と問答法である。この二つに、判断基準を扱う部分と定義を扱う部分を加えるストア派もいる。実際にはこれらの追加された部分はすべてのストア派において存在するが、問答法へ統合されることが多く、この場合、独立した部分にならない。

連続的な弁論術の言論と、問いと答えによって進められる問答法は、根本的な違いによって区別される（ディオゲネス・ラエルティオス『哲学者列伝』七・四二）。ゼノンはこの伝統的な区別を次のたとえで表わした。弁論術とは開いた手のようなものであり、問答法とは閉じた手のようなものである（セクストス・エンペイリコス『学者たちへの論駁』二・七＝LS三一E）。

ストア派の弁論術は、伝統を引きつぎ[*1]、次の三つの形式を含んでいる。審議の形式（政治の場での言

＊1　アリストテレスの『弁論術』に同様の三区分が見られる。

論)、訴訟の形式、演示の形式(名誉を称えるための言論)である。だがストア派の弁論術は、簡潔で、飾り気なく、厳格で、古代の大多数の弁論術の「豊満な」様式を拒否している点で、古代人たちを驚かせた。この特徴はすでに前一五五年の使節団のときからローマ人に強い印象を与え、その際にディオゲネスの「抑制された飾り気のない」様式が注目された[25]。そのため、豊満な文体を支持する人、たとえばキケロは、ストア派は話すよりも黙るために効果的な教えを与えたと非難している(キケロ『善と悪の究極について』四・七)。

(B)基準についての理論(認識論)

基準を扱う論理学の部分は、ストア派の認識論を構成する。この部分は論理学のうちで最初に置かれている。[*1]というのも、ディオゲネス・ラエルティオス『哲学者列伝』七・四一(セクストス・エンペイリコス『学者たちへの論駁』七・二二六)によれば、人が真実を発見し知ることができるのはこの部分のおかげだからである。また、ディオゲネス・ラエルティオス『哲学者列伝』七・四九によると、基準とは、その類としては「表象」であり、そのため基準についての理論は表象についての理論から始まるのである。

「基準(クリテーリオン)」、つまり判断する(クリネイン)ことを可能にしてくれるものということの言葉の哲学的な用法は、エピクロスからの借用である。エピクロスは三つの基準を挙げた。感覚、先取観念、情態であり、そしてこれらはすべて真実で明白であるとした。[*2] これに対して、ゼノンは「あらゆる表象を信頼したわけではなく」、ただ「把握的[26]」表象だけを信頼し、これを「真実の基準」とした。クリュシッポスはこの基準に、エピクロスから借用した「先取観念」を加えた。

ゼノンは、表象（パンタシアー）とは魂における刻印だとした（ディオゲネス・ラエルティオス『哲学者列伝』七・五〇）。クレアンテスはこの定義を文字通りに解釈し、クリュシッポスはたんなる比喩として解釈した（セクストス・エンペイリコス『学者たちへの論駁』七・二二八－二三〇）。この比喩が指すのは、古代において手紙の封印に用いられた指輪の印章が蠟のなかにつくる刻印である。これはプラトンの『テアイテトス』からの借用で、そこで魂は事物が外から刻印される蠟のかたまりにたとえられている。文字通りに解釈することに対して、クリュシッポスは次のように反対している。[*3] 魂を構成する物体は蠟のように固くないし、それに魂が複数のものを同時に表わすことも一つの表象を記憶に留めることも不可能になってしまうだろう、というのも新しい刻印がつねに以前の刻印を消し去ってしまうのだから。以上が彼の主張である。クリュシッポスは表象という言葉の語源をもちだし、アリストテレスと同様に、「ポー

*1 ディオゲネス・ラエルティオス『哲学者列伝』七・四九。
*2 ディオゲネス・ラエルティオス『哲学者列伝』一〇・三一－三四。
*3 セクストス・エンペイリコス『学者たちへの論駁』七・二二八－二二九。

ス（光）」という語からの派生だとして、パンタシアーはそれ自身と、それを生みだした外的対象の両方を表示すると論じた。[*1] パンタシアーとは、したがって、魂における外的事物の表示であり、外的事物が魂のうちに再現される仕方というよりも、外的事物が魂に与えられる仕方である[27]。

パンタシアーは必ずしも視覚的なものとは限らないし、感覚に由来するものとも限らない。表象のうちのあるものは思考から生まれ、感覚器官によって生まれたのではない[28]。このことはまた、クリュシッポスが私たちの表象は刻印ではなく魂の「変容」であると強調したことの理由でもある。表象は外的事物の直接の刻印によるのではない。なぜなら、たとえば非物体の場合、事物は物理的な仕方で魂に刻印することができないからである（ディオゲネス・ラエルティオス『哲学者列伝』七・五〇）。とはいえ、外的事物による刻印がすべての表象の第一の起源であるということに変わりはない。プラトンと違って、ストア派において想起は存在しない。このことは、ストア派が魂を書き込みのないパピルスにたとえ、そこに刻印が記録されると述べていることから確認できる[29]。魂において「集積された」感覚による刻印から、私たちの最初の観念が形成され、続いてこれらの観念に対する結合や類比といった操作によってより複雑な観念が生じる（ディオゲネス・ラエルティオス『哲学者列伝』七・五二―五三）。

魂の能力は、表象を蓄え、結合し、修正し、蘇らせることだけではない。魂はさらに、表象に似た働きを自発的に生みだすことができる。すなわち、幻影（パンタスティコン）であり、これは対応する事物をもたない魂の運動によるもので[30]、眠っているとき、酩酊しているとき、狂気に陥っているときに生じる。

幻影は、偽の表象をもっているときのような、別の種類の狂気の場合と区別されなければならない。実際、表象のうちには、真の表象、偽の表象、真でも偽でもない表象、真でもあり偽でもある表象が存在する[31]。真の表象の例は、昼であるときの、「昼である」という表象である。「偽の表象」とされているのは錯覚であり、水に浸かってあたかも折れ曲がっているような表象を与える櫂や、遠近のせいで上に行くにつれて小さく見える列柱である。「人間」の表象のような、類としての表象は、真でも偽でもないとされる。というのも、類としての人間はギリシア人でも異民族（バルバロイ）でもないからである。最後に、真でも偽でもあるのが、幻影とは別の種類の狂気の場合である。幻影の場合と同じように、クリュシッポスはエウリピデスの『エレクトラ』におけるオレステスの狂気を例としている。幻影の場合には、オレステスはほかに誰もいないのに怪物たちの姿を見るが、これに対して真でも偽でもある表象の場合には、オレステスは姉のエレクトラの表象を怪物の姿に歪めて受けとる。このことから、なぜクリュシッポスが見たところ偽の表象を感覚の錯誤に限定したのかがわかる。つまり遠近の効果によって引きおこされるような、偽の表象は正常であるが、「真でもあり偽でもある」表象は病的なので

＊1　偽プルタルコス（アエティオス？）『哲学者たちの自然学説誌』四・一二・一。

ある。
「把握的」[32]表象は、真の表象の一種である。把握的表象とは、「存在するものに由来し、存在するものと一致して刻印され押印された表象で、存在しないものには由来しえないような特徴を持つ表象」[33]である。この定義を四つの要素に分解することができる。①把握的表象は存在するものに由来する。つまり幻影ではない。②把握的表象は外的事物と一致している。つまり真であり偽ではない。③把握的表象はこの外的事物と「一致して刻印され押印され」ている。つまり、蠟に刻印された指輪の刻印のように、外的事物のあらゆる特徴を正確に写しとっている。④把握的表象は、存在しない対象に由来しうるような特徴を持つ表象ではない。なぜなら把握的表象は、それが表われるときに、偽の表象との混同を不可能にするような、特別な特徴を持つのでなければならないからである。この四番目の点について、クリュシッポスはアカデメイア派と激しく戦わなければならなかった。というのもアカデメイア派は、偽であり、錯覚を起こさせる表象が把握的表象として判断されてしまう可能性がつねにあると主張していたからである。

　把握的表象は、把握それ自体（カタレープシス）から区別されなければならない。把握とは、把握的表象に与えられる同意である。表象が受動的な現象であるのに対して、同意（シュンカタテシス）は、表象を支持するという、能動的な現象である。つまり同意とは、この表象を真であるとして受けいれるような、魂の運動のことである。偽の表象あるいは不確かな表象に自分の同意を与えるならば、その同意は弱く、それは憶測である。反対に、把握的表象に同意が与えられる場合、それは把握である。このような、把握としての同意が知識（エピステーメー）の基礎をなす。知識とは、魂の揺るぎない同意、あるいは把握の全体、すなわち把握の「システム」である（LS四一A－C、四一H）。

ストア派とアカデメイア派は、知者が憶測することはありえないという点で一致していた。この考えから、ストア派は、知者は把握的でない表象に同意しないと結論したが、アカデメイア派は、知者はつねに同意しないと結論したのである。

（C）徳と知識としての問答法

徳としての問答法の基盤となるのは、問答法が同意についての徳である以上、把握と同意である[34]。問答法も弁論術も徳であるが、同時に知識でもある。というのも、ストア派にとってあらゆる徳は知識だからである。

同意についての徳としては、問答法は以下の四つの部分に分けられる。軽率でないこと、恣意的でないこと（あるいは不注意でないこと）、反駁されないこと、真面目さ（あるいは熟慮）である。軽率でないこととは「いつ同意すべきでいつ同意すべきでないかについての知識」である。つまり、やみくもにではなく、表象が真で把握的であるときだけに同意を与えるということである。明らかに、この徳は感覚に由来する表象にも対話において形成される表象にも同じように適用される。問答法の二番目の徳である、恣意的でないこととは「もっともらしいことに対する強い理性」である。つまり、もっともらしいことにただ同意するのではなく、真であることに同意することである。三番目の徳、反駁されないこととは、知者の特徴であり、知識を完全な仕方でもっているために議論において反駁されたり意見を変えたりしないことである。この徳は、あたかも問答法が真理を発見する役には立たず、ただ真理を弁護する役に立つだけであるかのような、守勢の徳という印象を与える。しかしながら、問答法は論証することができるということに変わりはない。四番目の問答法の徳である熟慮は「表象を正しい理性へと運ぶ」。三番目の徳が問答法に特有の文脈におかれているのを除いて、これらの徳は狭い意味での問答法の領域を超えた広がりを持つ。

あらゆる徳と同様に、問答法は知識であり、そのため理論を含んでいる。問答法とは「真、偽、そして真でも偽でもないものについての知識」であると定義される。ディオゲネス・ラエルティオス『哲学者列伝』七・四二によれば、この定義は命題[*1]（真あるいは偽）と質問（真でも偽でもない）のあいだの区別に関連している。だが、明らかに問答法の領域はもっと広い。問答法は、弁論術に関することを除いた、言葉と推論にかかわるすべてのことを扱う。クリュシッポスは問答法の理論的な領域を拡張し、それを表示するものと表示されるものの二つの部門に分けた（ディオゲネス・ラエルティオス『哲学者列伝』七・六二）。表示するものとは、意味を与えられたかぎりの音声のことである。問答法の対象は、したがって意味を持った音声と、その音声によって意味されたものの両者である。表示するものを取り扱った部分は言語学でもあり文法学でもあるような理論からなり、古代ギリシア語の文法学の起源となった。表示されるものを扱う部分は現代で言うところの「論理学」に対応する。

（D）定義と分割

定義とは「固有なものを与えること」である（ディオゲネス・ラエルティオス『哲学者列伝』七・六〇）。これは、定義は類と種差を与えなければならないという、定義についてのアリストテレスによる考えの一つを連想させる。キケロ（『トピカ』二九）において顕著にみられるような一つの伝統によれば、定義とは、類と種差を固有なもの、つまり別のものに帰属しえないものに至るまで述べることだとされる。アリストテレス自身は、彼の『トピカ』（一・五）において、定義と固有なものとを区別している。なぜなら、固有なものはたしかに一つのものにしか帰属しないが、それが何であるかを必ずしも定義しないからである。「本を読む能力がある」ということは人間に固有だが、人間を定義するわけではない。固有なものによって定義を確立することができるのは限られた場合だけである。定義を「固有なものを与えること」だとすることは、したがって定義しようとしているものに固有な種差を与えるということを

＊1　ギリシア語原文では（質問に対する）答え。

想定している。さらに、クリュシッポスは本来の意味での定義と、「素描」あるいは「略述」と彼が呼ぶものとを区別しようとしている（ディオゲネス・ラエルティオス『哲学者列伝』七・六〇）。略述とは「当該のものを明らかに知ることへと概略的に導く」（SVF二・二二七）ことしかしないのである。たとえば、「命題とは真か偽のいずれかであるものである」というのは命題の素描であるが（セクストス・エンペイリコス『学者たちへの論駁』八・一二）、命題の定義は「それ自体として主張されることができる、完結した言表」である（ディオゲネス・ラエルティオス『哲学者列伝』七・六五）。この命題の定義が類の種への分割によって作られたことは明らかである。

このように、定義は類の種への分割によって作られるのだから、分割についての理論は論理学のこの部門にとって不可欠である。ディオゲネス・ラエルティオス『哲学者列伝』七・六一―六二によれば、ストア派は次のような区別をしていた。類をその直近の種へと分割する狭義の「分割」と、類をその相反する種へと分割する「反対分割」、分割の分割である「下位分割」、そして最後に、類をそれが適用されるトポス（「場」あるいは「領域」）に応じて分類する「区分」である。ディオゲネス・ラエルティオスによって与えられている具体例のおかげで、以上の分割の異なる形式の違いをよく理解することができる。

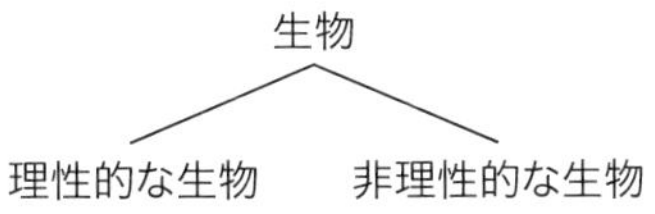

図１　類の種への分割

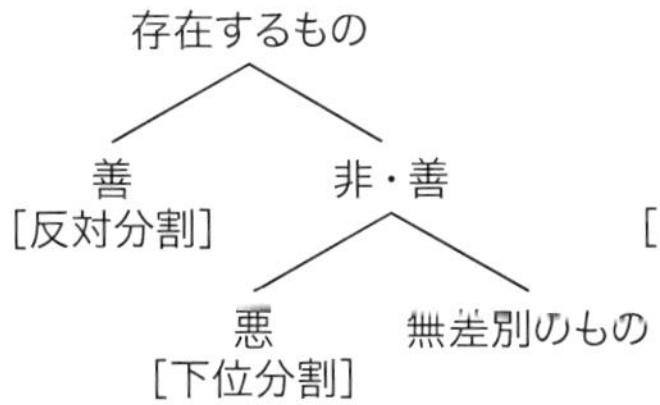

図２　反対分割と下位分割

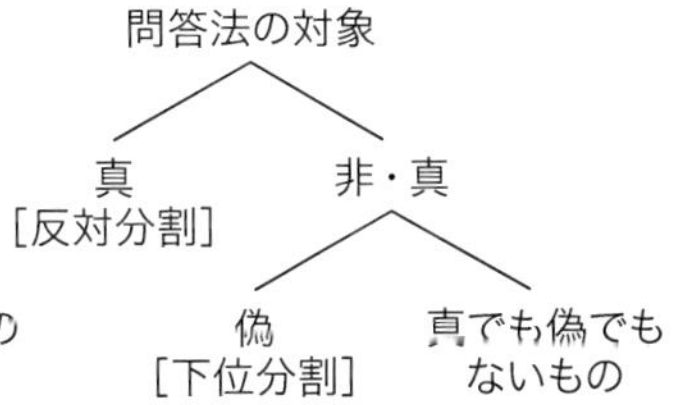

図３　反対分割と下位分割

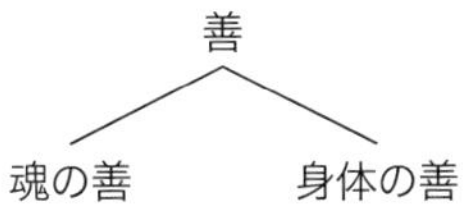

図４　区分

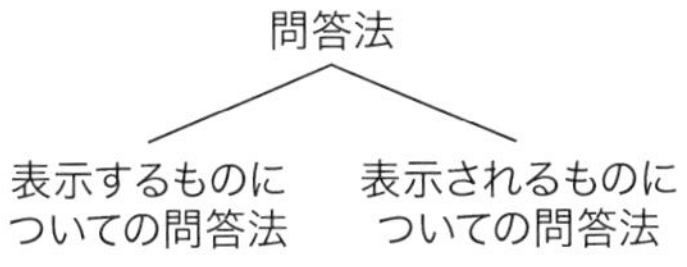

図５　区分

（E）意味の理論

セクストス・エンペイリコス『学者たちへの論駁』八・一一―一二（LS三三B）によると、相互に関連する次の三つのものを区別する必要がある。すなわち、表示するもの、表示されるもの、名詞の外的な担い手である[35]。表示するものとは、音声であり、たとえば「ディオン」である。表示するものは物体である。なぜなら、音とは波の形で伝わるところの、「聴覚によって感覚される打たれた空気」だからである。表示されるもの、あるいはレクトン（「語られうるもの」もしくは「言表されうるもの」）とは、「思考と一致して存在し、発せられた音声によって明らかにされるもの」である。表示されるものは非物体である。名詞の担い手とは外的な対象であり、ディオン自身である。名詞の担い手は物体である。

セクストスによれば、「ディオン」のような名詞によって表示されるものは真あるいは偽であるとされる。実際には、真あるいは偽でありうる表示されるものは、「ディオン」のような単純な言表によって表示されるものではなく、「ディオンが散歩している」というような、複合的な言表によって表示されるものだろう。アリストテレスの理論と同様に、真あるいは偽であるためには、何かについて何かを述語しなければならない。ただし、真あるいは偽であるものは言表そのものではなく、むしろこの言表によって表示されるものなのである。クリュシッポスとその後継者たち、なかでもセレウケイアのディオゲネスは、複合的な文章を組み立てる言葉や表現の異なる形式に関心を持った。この理論と、そして「表現の徳」、つまり、よい言論の形式的な特徴についての理論が（ディオゲネス・ラエルティオス『哲学者列伝』七・五九）、表示するものを取り扱う問答法の実質的な内容である。

　ストア派は、言葉を以下の五つの部分、あるいは「構成要素」に区別した（ディオゲネス・ラエルティオス『哲学者列伝』七・五七―五八）。呼び名（プロセーゴリアー）とは、「〝馬〟や〝人間〟のような、共通の性質を表示する」ものである。名前とは、「〝ディオゲネス〟や〝ソクラテス〟のような、固有の性質を指示する」ものである。動詞とは、「〝（私は）書く〟や〝（私は）話す〟のような、不完全で組みあわされていない述語を表示する」ものである。接続詞とは、言葉の部分を接合あるいは結合するものである。冠詞、あるいは関節とは、「言葉の性と数を区別する」ものであり、たとえば、フランス語の「ル le」「ラ la」「レ les」などである。後世における文法の伝統においては、一般名詞と固有名詞は区別されつつも両方とも名詞に属すると考えられているので、ストア派の最初の二つの区別は後に統合されるということになる。ストア派におけるこの名前と呼び名の区別は、プラトンの「イデア」（すなわち実在性をそなえた普遍）は存在せず、ただ個物だけが存在するという、ストア派の理論によって支えられている。

　明らかに、以上のような言葉の部分の意味的な区別は、表示するもの、表示されるもの、担い手を区分する理論と、完全に一致するわけではない。というのも、セレウケイアのディオゲネスの理論では、「ソクラテス」という名前は、ソクラテスのような、ある性質を直接的に表示しているのだが、セクストスによって報告されている理論によれば、「ディオン」という名前は、ディオンによって担われている、ある非物体的な表示されるもの（レクトン）を表示しているからである。もし二つの理論を厳密に重ねあわせようとすれば、「ディオン」のような名前によって表示されるものは、物体的な個人によって担われる非物体的な性質である、ということになりそうである。だが、基本的に、ストア派において、物体の性質は物体的である。

実は、これらは二つの重なりあわない文脈におかれている。セクストスの文章は、表示するもの、表示されるもの、担い手を区別するために書かれているのに対して、ディオゲネスによる定義は、言葉の異なる種類を区別しているのである。実際、ディオゲネス・ラエルティオス『哲学者列伝』七・六三－六四によれば、名詞によって表示されるものと動詞によって表示されるものとは違う。動詞によって表示されるものとは述語、すなわち、何かについて語られるものであり、名詞によって表示されるものとは、人がそれについて何かを語るところのもの、つまり名詞の格（プトーシス）である[36]。だが、ディオゲネス・ラエルティオス『哲学者列伝』七・五七－五八においては、とくに呼び名（プロセーゴリアー）と名前を区別するとき、表示されるものの構文上の機能だけでなく、担い手の性質もまた考慮されている。

（F）表示されるもの

ストア派は、言表されうるもの（レクトン）のうち、完全なものと不完全なものとを区別した。不完全な言表されうるものとは、「その表現が完結していないもの、たとえば、〃書く〃のような（というのも、〃誰が？〃と尋ねられるだろうから）ものである。完全な言表されうるものとは、その表現が完結しているもの、たとえば、〃ソクラテスが書く〃のようなものである。彼らは、述語を、不完全な言表されうるものに分類している」（ディオゲネス・ラエルティオス『哲学者列伝』七・六三）。明言されていないが、格は不完全な言表されうるものの一種だということもありえる。これらの不完全な言表されうるものは、真でも偽でもないのであって、真か偽のどちらかであるような完全な言表されうるものを形成するためには補われなければならない。

　しかしながら、完全な言表されうるもののすべてが、真か偽のどちらかであるわけではない。たとえば、質問、審問、命令、誓願、祈願、嘆願、例示（エクテシス）、仮定（ヒュポテシス）、呼びかけ、疑似命題、疑いの表明などは、真でも偽でもない完全な言表されうるものである[37]。質問と審問の区別は、問答法の文脈において重要である。質問は、「はい」か「いいえ」で答えられる言表であり、審問（たとえば「ディオンはどこに住んでいるのか？」）は、より詳しい答えを要求する。例示とは、仮定と同様に、推論においてよく用いられる、「直線ＡＢがあるとしよう」のような、命題ではない言表である。

　言表されうるもののうち、命題だけが、真か偽のどちらかでありうる。アリストテレスは、『命題論』の九章において、未来についてのある種の命題は真でも偽でもないという可能性を残しているが、これに対してクリュシッポスは、あらゆる命題は真か偽のいずれかである（このことは現代の論理学において

「二値原理」と呼ばれる）と主張している。クリュシッポスによれば、命題とは「それ自体として主張されることのできる、完結したもの」（ディオゲネス・ラエルティオス『哲学者列伝』七・六五）である。つまり、命題は必ずしも言表されなくてもよいのである。だがそれゆえに、命題は存在論的に曖昧な身分をもつことになってしまう。ディオゲネス・ラエルティオス『哲学者列伝』七・六四によれば、命題を「生みだす」ためには、最低限、一つの述語と一つの（名詞の）主格を組みあわせなければならない。すなわち、命題は、名詞によって表示されるものと動詞によって表示されるものの組みあわせであり、このようなものとして考えられるなら、名詞と動詞の言表によって何らかの仕方でつくられたものである。だが他方で、命題は、たとえ命題を考える人がそれを言表しなくても、「理性的な表象と対応して」存在する。さらに、命題と述語という概念は、原因の理論の文脈においても見られる。たとえば、クレアンテスは、原因とは、非物体的な述語の原因のこと、あるいは、命題の原因のことであると主張した[38]。したがって、述語と命題は言論と表象の外側に、思考されること、あるいは発話されることとは独立して存在しているようである[39]。たしかに、あらゆる命題に対してそれに矛盾する命題があるのだから[40]、現実におけるある一つの事実について、その事実に対応する少なくとも二つの命題（真の命題と、それに矛盾する偽の命題）が存在するように思われるかもしれないが、ストア派は、真である命題は存在し、偽である命題は存在しないと主張した（LS三四D）。

このことから、いくつかの命題は、あるときは真でありまたあるときは偽であるということが可能になり、ある種の詭弁はこれを利用している[41]。たとえば、「昼である」というのは、あるときは真であり、あるときは偽である。

クリュシッポスとその後継者たちは、命題の異なる形式を区別した。命題には単一的なものと複合的なものとがある。単一的な命題とは、一つの（名詞の）格と一つの述語だけからできている命題である。複合的な命題とは、二つ以上の単一的な命題からできている命題である。単一的な命題は、肯定命題と否定命題とに区分される。肯定命題のうち、定言命題とは、「直格」、すなわち名詞の主格と述語からなる命題（「ディオンが散歩している」）であり、限定（「カタゴレウティコン（指示するもの）」）命題とは、主格形の指示代名詞と述語からなる命題（「この人が散歩している」）であり、不定命題とは、不定代名詞と述語からなる命題（「ある人が散歩している」）である[42]。

複合的な命題は、「かつ」「または」「もし」などの接続詞によって結びつけられた二つ以上の単一的な命題から構成され、複数の種類がある[43]。これら三つの接続詞を用いる命題が三つの基本的な命題であり、推論において用いられるのはこれらの命題である。

1　連言命題。「かつ」によって結ばれる。連言命題が真であるのは、それを構成するすべての命題が真である場合である。

2　選言命題。「または」によって結ばれる。選言命題が真であるのは、それを構成する命題のうちの一つが真であり、その他の命題が偽であるときである（「昼であるか、または夜である」）。これは排他的選言である。

3　仮言命題あるいは包含（シュネーンメノン）は、「もし〜ならば」の形式を取る。仮言命題の妥当性の基準について、最初にメガラ派の問答法家たち、すなわちディオドロスとピロンが論争し、後にクリュシッポスがこの論争を引きついだ[44]。この基準は、前件（「もし」で導入される命題）と後件（帰結）が結ぶ関係に基づく。ピロンによれば、後件が偽でありかつ前件が真である、ということがなければ、仮言命題は真である。ディオドロスによれば、前件が真であるときに、後件が決して偽になりえないということが必要である。同じことを言っているようにみえるかもしれないが、ディオドロスが注意しているのは、命題の真理値が変化しうるということである。たとえば、ピロンによれば、昼であり、私が話しているときに、「もし昼であるならば、私は話している」という命題は真であるが、ディオドロスの主張では偽である。なぜなら、まだ昼であるのに、私が話すのを止めるような時点があるだろうからである。クリュシッポスはさらに、前件と、後件の否定とのあいだの非両立性という基準を導入した。キケロのおかげで、クリュシッポスが占星術師の述べる原理（クリュシッポスは占星術を学問とみなしていた）に対してこの基準を適用したということがわかる。クリュシッポスは、これらの原理を「もし〜ならば」という仮言命題によって形式化するのではなく、「pであり、かつqでない、ということはない」という、連言の否定によって形式化するべきだとした。この再形式化の意義は、仮言命題においては様相の価があり（「pであり、かつqでない、ということは可能ではない」）、占星術師の予言は必然的なものとなってしまうが、連言の否定においてはそうならない、ということである。[*1]

仮言命題の理論と同じく、クリュシッポスの様相の理論もピロンとディオドロスの先行する理論との関係によって説明されるが、さらにアリストテレスによる理論との関係にもここで触れておこう。アリストテレスにおいて、様相は明言される。様相命題とは、「〜ということが可能である」「〜ということが必然である」というような形式を取る命題である。だがピロンとディオドロス、そしてクリュシッポスにおいては、様相は命題において明言されない。たとえば、「彼が散歩する」のような命題も可能命題であるとされる。

ディオドロスの独創性は、可能と、現在あるいは未来における事実とを同一視したことである。すなわち、可能とは、現在あるいは未来において真であることであり、不可能とは、決して真にならないことである。クリュシッポスの立場はよりピロンに近かった。「ピロンは、その命題自身の本性によって真として述べられるのを許容することを、可能と呼んだ。たとえば、私は今日テオクリトスの『牧歌』

*1　この主張は、ディオドロスの決定論に対するクリュシッポスの反論の一部である。

	真でありえる	偽でありえる	真でありえない	偽でありえない
外的な状況が妨げる	可能でない	必然である	可能でない	必然である
外的な状況が妨げない	可能である	必然でない		

表1　様相

を再読するだろう、と私が言う場合がそうである。もし何の外的なこともそれを妨げないならば、そのことは、それ次第であるかぎりにおいて、真として述べられうる」。クリュシッポスによる説明もこれと似ている。「可能とは、何の外的なこともそれが真であることを妨げないならば、真であることを許容することである。たとえば、〝ディオクレスは生きている〟というのがそうである[45]」。つまり、可能命題とは、矛盾しておらず、もし外的なことによって妨げられないならば、真でありうるような命題である。だが、このことは可能命題が実現するということを意味するのではない。可能ではあるが実現しないことがある。逆に、宿命に依存しており、実現するが、しかし必然ではないことがある。

　クリュシッポスにおいて、様相の定義は複雑になる。なぜなら、クリュシッポスは可能を事実から分離し、さらに、この定義において命題の内的な性質（真あるいは偽になりうること）と外的な状況とが組みあわされるからである。この複雑な関係を表1のように整理することができる。[*1]

（G）三段論法と詭弁

「三段論法」あるいは「演繹」とは、推論の特別な種類である。あらゆる推論は、そこから結論が引きだされる「前提」からなる全体である。ここで言う前提とは、問答の枠組みにおいて十分であるような仕方で、二人の対話者のあいだで同意されている命題のことである。三段論法とは、結論を導出する推論である。結論を導出する推論は、形式的に妥当な推論である。すなわち、議論の前提は、その後件が結論となるところの、妥当な仮言命題の前件を構成するのでなければならない。この基準に従えば、前提が偽である妥当な推論もありえることになる。ある推論が真であるのは、それを構成する諸命題それ自体が真であるときである。証明的な推論は、明白な前提から、明白でない結論へと至る推論である[46]。現代風に言えば、その基準は以下のように言えるだろう。第一に、構文的基準。第二に、意味的基準。第三に、認識論的基準。これらの三つの基準を組みあわせなければ、証明に取りくむことはできないのである。

三段論法には二種類ある。「証明不可能」な推論と、分析の手続きを踏んで証明不可能な推論へと還元できる推論である。クリュシッポスは、証明不可能な推論の以下の五つの形式を認めた。これらの形

＊1　ディオゲネス・ラエルティオス『哲学者列伝』七・七五

式は基礎的な複合命題（連言、選言、包含）から構成される[47]。

1　もし第一ならば、第二である。しかるに、第一である。したがって、第二である。

2　もし第一ならば、第二である。しかるに、第二ではない。したがって、第一ではない。

3　第一であり、かつ第二である、ということはない。しかるに、第一である。したがって、第二ではない。

4　第一であるか、または第二である。しかるに、第一である。したがって、第二ではない。

5　第一であるか、または第二である。しかるに、第一ではない。したがって、第二である。

複合的な三段論法は、単一的な推論（前述の、五つの証明不可能な推論）から構成される三段論法であり、それが妥当であるかを判断するためには分析が必要である[48]。分析の方法は、明らかに、構文的な手続きと現在呼ばれているものである。この方法に従って、推論は、三段論法の妥当な連鎖の形をとる隠れていた構造へと還元される。このような分析の方法が適用された例を伝える唯一の資料は、セクストスの『学者たちへの論駁』八・二二九－二三七（LS三六G）である。

最初の例は、二つの同じ種類の証明不可能な推論から構成される三段論法である。

もし昼ならば、もし昼ならば、光がある。
しかるに、昼である。
したがって、光がある。

この三段論法の分析によって明らかになるのは、この推論は二つの前提[*1]から構成されており、第一の形式の証明不可能な推論を適用することによって、一つ目の前提の後件をそこから正当に引きだすことができる、ということである。

もし昼ならば、もし昼ならば、光がある。
しかるに、昼である。
いいいいいいい、したがって、いいいいいいいいい、もし昼ならば、光がある。

この結論は、暗黙的に、あるいは「事実的に」引きだされる。この結論にさらに「昼である」という

*1 すなわち仮言命題「もし昼ならば（前件）、もし昼ならば、光がある（後件）」と、「昼である」。

前提を加えれば、求められていた結論が得られる。

もし昼ならば、光がある。
しかるに、昼である。
したがって、光がある。

クリュシッポスは、四つの「テマ」、つまり、このような分析を可能にする変換規則を用いた。妥当な推論に加えて、「詭弁」、すなわち、妥当で真であるような見せかけによって偽の結論を承認させる「説得力があり、詐欺的な」推論も、ストア派は分類している。その大半はディオゲネス・ラエルティオス『哲学者列伝』七・八二において分類されている。ストア派はこれらの詭弁を考案したわけではなく、むしろ解決しようとした。たとえば、「ソーレイテース」（どれくらいの数量的な閾を超えると、少ない量から多い量へ移行したと言えるのかという問題についての議論）、「嘘つき」（もし私が「私は嘘つきだ」と述べたら、私は同時に真——なぜなら私が嘘をついているのは真であるから——と偽——なぜなら私は嘘をついているのだから——の両方を述べていることになるという主張）、そして「人間」（『哲学者列伝』七・一八七）などが非常に有名で、よく議論された。

3　倫理学

（A）倫理学の区分

ディオゲネス・ラエルティオス『哲学者列伝』七・八四（LS五六A）によれば、クリュシッポスと彼の後継者たちにおける倫理学の主要な区分は、以下の通りである。「衝動に関する論、善と悪に関する論、情念に関する論、徳に関する論、目的に関する論、第一の価値と行為に関する論、適切なことに関する論、勧めることと諫めることに関する論」。ゼノンとクレアンテスだけは、「古い世代の人たちがそうしたように、もっと簡素な区分を用いた」。

倫理学について、三つの論考が残っている。キケロによる『善と悪の究極について』の第三巻（これが最も古い）、ディオゲネス・ラエルティオスの『哲学者列伝』の第七巻、八四から一三一章、そして、アレイオス・ディデュモスの作とされる論考で、これはストバイオスによる『精華集』の第二巻、七章、五七—一一六頁において伝えられている。これらの論考のいずれも、クリュシッポスによるものとされる考察の順序に正確には従っていないが、同じ主題を確認することができる。ディオゲネス・ラエルティオスとキケロの論考は、扱っている問題に関してほとんど同じで、順序も同様である。キケロにおいては情念についての論考が実質的に欠けているが、しかしこのことは、『善と悪の究極について』の一か月後に書かれた『トゥスクルム荘対談集』において情念が扱われるということによって説明される。これら二つの論考とアレイオスの論考との一番の違いは、アレイオスにおいては衝動についての論考がないということである。彼の論考は善、悪、無差別のものの分割によって始まり、衝動を扱わない。その理由はおそらく、アレイオスの論考は、善、悪、無差別のもののあいだの基礎的な分割から始まる分割と定義によって倫理学の体系を示そうとしているのだが、他方で衝動の主題は論証的な役割を果たしているという点に求められるだろう。

（B）善、悪、無差別のもの

ディオゲネス・ラエルティオスによる説明と同様に、アレイオス・ディディュモスによれば、ストア派における基礎的な分割は、善、悪、無差別のもののあいだの分割である（図2［三七頁］と図6［五三頁］を参照）。この分割は、否定による分割と、下位分割の原理によってつくられている。無差別のものの段階で、さらに優先されるものと優先されないものへと分割される。

この分割は、アレイオス・ディデュモスによって「存在するものの分割」として明示されるが、倫理学の対象である事柄だけを扱っている。全体的に言えば、それは人間にとっての有用なもの（あるいは有益なもの）を扱う。善と悪は魂にかかわり、無差別のものはむしろ身体にかかわる。徳と悪徳については、扱われているのは倫理的な徳と悪徳である。だが、倫理的ではない徳、つまり問答法と自然学に関する徳も、キケロが述べているように、おそらく加えなければならないだろう（『善と悪の究極について』三・七二）。図6においては倫理的な徳のうちの主要なものしか示さなかったが、クリュシッポスは

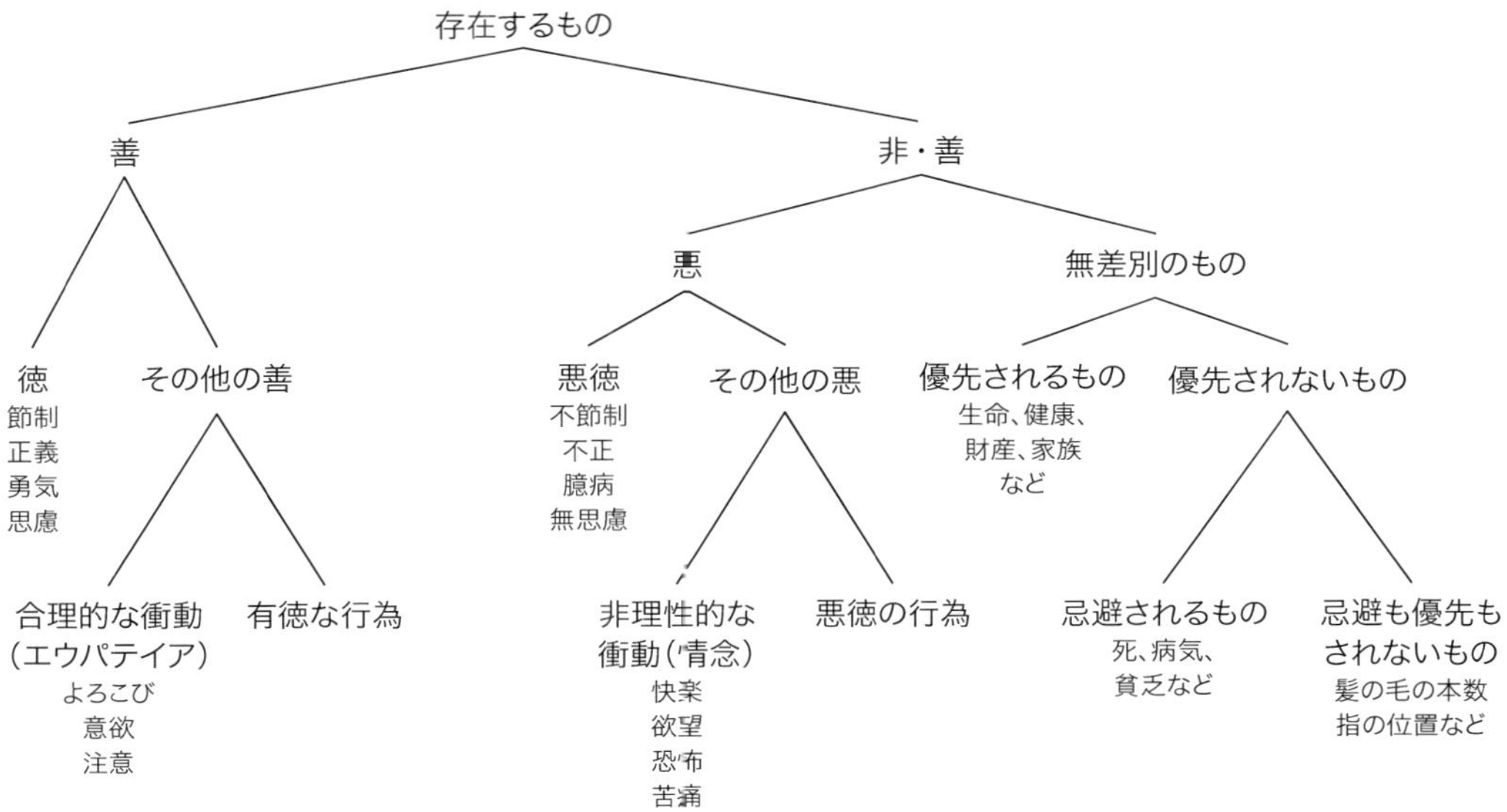

図６　善、悪、無差別のものの分割

それらに多数の副次的な徳を従属させている。

図にそのすべてを反映させることはしなかったが、ディオゲネス・ラエルティオスとアレイオス・ディデュモスの説明にはいくつかの違いがある。ディオゲネス・ラエルティオスの『哲学者列伝』七・九五―九六によれば、魂に関する善と悪が存在し、徳、悪徳、有徳な行為がそうである。また、外的な善として、「よい祖国をもつこと、よい友人をもつこと、そして彼らが繁栄していること」が挙げられている。アレイオスは、最初はこの「外的な善」を考慮しないが、後で導入する。また、魂に関する善のうちに、悪である情念と対比され、「合理的な」と言われる衝動を加える。優先されるもののうちには、家族を加える。つまり、友人は善であるが、家族は無差別のものであり、たとえ家族に対してよくふるまうことが善であるにしても、そうなのである。

優先されるものとそうでないものという、無差別のもののうちの区別は、すでに古代から、ストア派の敵対者たちによって言葉遊びにすぎないと批判され、実のところ従来の「外的な善」という概念の再導入だとみなされた。そのため、たとえばアリストンのような、非妥協的なストア派は、無差別のもののうちにいかなる区別も認めなかった。反対に、ゼノン以来の標準的なストア派は、優先されるものが存在するということを強調し、厳密な意味での無差別のもの、つまり、認識論の領域において同意の保留に相当するような、衝動も反衝動も引きおこさないものについては、限られた数のものしか認めないという立場を取った。

優先されるものと忌避されるものの区別は、自然への適合性と、有益性によってなされる。善とは、基本的には、役に立つもの、あるいは利益をもたらすもののことである（ディオゲネス・ラエルティオス『哲学者列伝』七・九四、九八）。ところが、容姿の美しさ、健康、財産などの、身体に関する利点は、見かけに反して、つねに利益をもたらすわけではなく、害悪をもたらすこともあるのだが、善とは、変わることなくつねに有益なものである。よい仕方でも悪い仕方でも用いることのできるものは、善ではない。徳はよく用いることしかできず、悪徳は悪く用いることしかできないが、無差別のものは、よくも悪くも用いることができるのである（ディオゲネス・ラエルティオス『哲学者列伝』七・一〇三）。このような理由で、ストア派によれば、ただ徳だけが善なのである（ただし、有徳な行為と、有徳な行為を導く合理的な衝動も、善に含まれる）。だが、依然として、身体に関する利点は害悪をもたらすよりも利益をもたらす場合のほうが多く、「これらのものを幸福あるいは不幸をもたらしうるように用いる仕方」があるのである（ディオゲネス・ラエルティオス『哲学者列伝』七・一〇四）。優先されるものは、「自然に適った生に貢献する」のだから、ある種の「価値（アクシアー）」をもっており、それゆえこれらのものは優先されるか、あるいは優先されうる（プロエーグメナ）のであり、その反対のものは忌避されうるのである。ゼノンは、よくそうするように、この場合についても比喩を用いて、王に従う「高い地位へ引きたてられた」人物、つまり王に「優遇された者」を意味する言葉によって説明する。優先されるものは、善に次ぐ第二の地位を得ているが、善と同じではない[49]。したがって、善は「越えられない[50]」価値をもっているが、優先されるものは「調和した生に貢献する」（ディオゲネス・ラエルティオス『哲学者列伝』七・一〇五）ことしかないのである。また、状況によって変化しうるものは一般的なカテゴリーであるが、善と悪はつねに一義的である。

（C）最初の衝動と、それを超えること

徳の優位を確立するために、ストア派は動物と人間の衝動、とりわけ「最初の衝動」から出発する。衝動、あるいは「魂の傾向性」（ホルメー）とは、「あるものに対する魂の運動」であり、動物と人間に共通する。人間においては、衝動は「行為にかかわるあるものに対する思考の運動」であり、衝動を引きおこすのは、「適切なことについての衝動的な表象[51]」という、特別な種類の表象であり、たとえば、「私が歩くことは適切である」という表象である[52]。クリュシッポスは、彼の『法について』という論考において、衝動とは「行為するように自分に対して命じる、人間の理性[53]」であるとしている。衝動の反対が反衝動（アポルメー）であり、反衝動は、ある対象と行為から人を遠ざける。

他方で、あらゆる動物は最初の衝動という、自分を保存することへの衝動、つまり、自己保存への傾向を持っている。このことは、「自然は、生まれてすぐに、動物を自分自身に親近にする」という、「親近化（オイケイオーシス）」の理論である。また、クリュシッポスは彼の『目的について』という著作において、以下のように述べている。「あらゆる動物にとって最初の親近なものは、自己の成り立ちとそれについての意識である。なぜなら、自然が動物を自分自身にとって疎遠なものにしたということはありそうにないし、自然が動物をつくっておきながら、疎遠なものにも親近なものにもしなかった、ということもありそうにないからである。［…］それゆえに、動物は、害をなすものを拒絶し、親近なものを受けいれるのである[54]」。

「オイケイオーシス」という言葉は形容詞の「オイケイオス」から来ていて、この形容詞は、私にとって固有のもの、私に帰属しているもの、私にとって親愛なものを意味する。オイケイオスはまた、私の家（オイキアー）に所属する私の身内という意味もある。親近化の原理は感覚である。というのも、親近化はまず、「私たちにとって親近なものについての感覚（アイステーシス）と知覚（アンティレープシス）[55]」であるからである。この表象は、自己と自分の身体の保存への最初の衝動を引きおこしているので、明らかに衝動的な表象である。ある拡張運動によって、このような私たちにとっての親近なものについての意識と、それを保存することへの衝動は、自分自身を超えて拡がり、私たちにとって近しく親愛なあらゆるもの、とりわけ私たちの家族と子どもたちへ達し、それからこの「親近化」は国へと拡がり、最終的には全人類へまで拡張される。私たち一人ひとりは、複数の同心円に囲まれていて、それらのうちで最大の円は人類全体の円である[56]。この親近化は、利他主義への自然本性的な傾向を人間に与えるので、正義の原理となる[57]。

エピクロス派によれば、動物の最初の衝動は、動物を快楽へと向かわせる。そして彼らはこのことを根拠にして、快楽こそが、人がそのために生きるべきであるような、自然に適った目的であると結論した。だがストア派にとって、快楽とは、動物あるいは植物（花が咲くことは快楽を感じることに類比される）が自分の構造に適合したものを手に入れたことの結果として、付随的に生じるものなのである。「人間の最初の傾向は、自然本性に適ったものへと彼を導く」のであって、快楽へと導くのではない。だが、この最初の衝動は理性的な発達の終わりではなく、そのため人間の場合は、自然に適ったものへの欲求の段階にとどまることはない。人間は自然に適ったさまざまなもののあいだの整合性に気づくと、そこから善の観念を見てとり、彼が最初に愛したものよりも多くの重要性を「行為における秩序と、言わば調和」に与えるようになる[58]。別の言い方をすれば、親近化はまず優先されるものへと生物を向かわせるが、理性的な動物は、すぐに善を優先されるものよりも優れたものとして考えるようになり、優先されるものよりも善に価値を与えるのである。

（D）目的——自然と調和して生きること

目的とは、そのためにすべてのことが行われ、それ自体はほかのいかなるもののためにも行われないものである[59]。これは、「目的」という語の限定された意味、つまり最終目的のことであり、アリストテレス（『ニコマコス倫理学』一・七・一〇九七a三〇）の定義に従えば、「最終の、あるいは最も完全な」目的を指す。『ニコマコス倫理学』一・二によれば、私たちはあらゆることを何らかの善のために行うが、それぞれの善は何らかのほかの善のために行われており、善から善へと究極の善まで遡って行くことができ、この究極の善こそ、私たちの行為の最終目的なのである。なぜなら、私たちはこの目的を、ほかのもののためにではなく、ただそれ自体のために選択するからである。アリストテレスにとって、この目的とは幸福であり、観想的な生において最高位に達する。このような、それのためにほかのあらゆることが行われるという目的の概念を、ストア派はアリストテレスから受けついだが、この位階秩序の頂点が観想的な生であるということは否定した。さらに、ストア派は目標と目的とを区別し、幸福は目標である（つまり、幸せな人生は目標だということ）が、目的とは、幸福に到達すること[60]、すなわち、幸福に到達するためにできる限り努力することであると主張した。射手が目標（つまり標的）に到達するためにできる限り努力しなければならないのと同様に、最終目的は、目標に到達するためにできる限り努力することであって、目標それ自体ではない[61]。

しかしながら、ストア派は、目的とは幸福でいること、すなわち幸福に到達するために行為することだと言うだけにとどまらなかった。明らかに彼らは、幸福に内容を与えており、何が人を幸福にするのかを定義している。幸福な生を有徳な生と同一のものだとするストア派の主張は、まさにこの点に関して独創的なのである。ゼノンと彼の後継者たちによって、幸福は「滑らかに流れる生」であると定義され、そしてただ徳だけが、人生におけるこの滑らかさを獲得させるのである。ストア派によれば、目的には三つの定義があり、これら三つの定義はだいたい同じであるとみなされている。「徳に即して生きること、調和して生きること、あるいは、同じことであるが、自然に即して生きること[62]。以上の三つの定義は、ストア学派の最初の三人の指導者（ゼノン、クレアンテス、クリュシッポス）によって提案されたが、ストバイオスとディオゲネス・ラエルティオスは、三人が目的をどう定義したかについての二つの異説を伝えている。

ストバイオス[63]に従うと（おそらくアレイオス・ディデュモスによる証言の繰りかえしだろう）、目的とは、ゼノンによれば「調和して（ホモログーメノース、すなわち整合した仕方で）生きること」である。このことは、調和した流れに従う生という、幸福の定義に対応する。つまり、目的とは唯一の理性的な原理に従って生きることであり、それゆえに、自分自身と対立することのない、整合した仕方で生きることである。この定義の背景にある比喩は、規則正しく一定の仕方で流れている川である。クレアンテスにとっても、目的とは整合した仕方で生きることであるが、彼は「自然と」という語を加えた。クレアンテスの考えでは、ゼノンの表現（「調和して生きること」）は「不完全な述語」であり、ゼノンの定義において暗に示されていた言葉を補う必要があったのである。したがって、ゼノンにおけるように、自分自身との調和だけが問題なのではなく、自然との調和が問題となる。最後に、クリュシッポスは、目的の定義の自然主義的な面を強調して、目的とは「自然によるできごとについての経験[64]に従って生きること」だと述べた。クリュシッポスにとっては、多かれ少なかれ規範的な意味での自然だけが問題なのではなく、世界におけるできごとの全体が問題であり、私たちはできごとの全体と調和して生きなければならないのである。

ディオゲネス・ラエルティオス『哲学者列伝』七・八七―八九（LS六三C）によると、すでにゼノン自身が、目的とは「自然と調和して生きること」であると明言していた。そして、この報告によれば、ゼノンにとって自然に従った生とは徳に従った生である。ディオゲネス・ラエルティオスの報告は、もしそれがゼノンの『人間の自然本性について』という論考への明確な参照という裏づけを与えていなかったなら、ストバイオスの報告よりも信頼性に劣るようにみえたかもしれない。クレアンテス、ポセイドニオス、そしてヘカトンが後にこれと同じ定義を採用した。ストバイオスの報告と同様に、クリュシッポスは目的を「自然によるできごとについての経験に従って生きること」として定義したとされる。ここで問題とされる自然とは、共通の自然（つまり宇宙全体の自然）と、人間に固有の自然本性としての自然（つまり人間の理性的な自然本性）であるところの、人間の自然の両方である。というのも、私たちの自然本性は、宇宙全体の自然の部分をなすからである。したがって、クレアンテスとクリュシッポスとのあいだに、ゼノンによる形式における「自然」という言葉について、意見の相違があったということになる。というのは、クレアンテスにとっては、共通の自然だけが問題だったからである。だがもし、ゼノンにとって、自然に従って生きることと徳に従って生きることとが同じだったとすれば、ゼノンにとっては、徳が人間に固有のものである以上、人間の自然本性に従って生きることが問題だったということになるだろう。

したがって、アレイオス・ディデュモスの説とディオゲネス・ラエルティオスの説のあいだには、クレアンテスとクリュシッポスによる定義に関しては一致しているものの、かなりはっきりした違いがあるということになる。ストバイオスによれば、ゼノンによる定義はクレアンテスによって補われ、その意味を変えた。ディオゲネス・ラエルティオスの報告では、ゼノンとクレアンテスに同じ定義が帰されているが、やはり意味を変えている。二つの場合において、いずれにせよ、おそらくクリュシッポスはゼノンとクレアンテスの見解を調和させようとして、目的を、宇宙の自然に人間の自然を一致させることとして理解した、ということのようである。

ディオゲネス・ラエルティオスの報告はこのことをかなりよく説明している。自然はすべての自然的な存在を統治しており、あらゆる存在にとって自然への一致が存在する。この一致は、植物の場合、植物は自然によってのみ支配されているので、自動的なものである。動物においては、表象と衝動という、自分に適合したものを求めるように動物を仕向けるものが、自然へとつけ加わる。つまり、動物は衝動に従って生きているのである。理性的な存在においては衝動に理性がつけ加わり、それゆえ、人間にとって自然に従って生きることとは、理性に従って生きること、あるいは、徳に従って生きることとなる。なぜなら、人間において、徳とは理性の完成だからである。

（E）徳

実際、「徳（アレテー）」という概念のギリシア語のもとの意味によれば、「徳とは、あらゆるものにとって、完成であり、たとえば彫像の完成が徳である」。したがって、健康のような、理論的でない徳もあり、理論的な徳もある。倫理的な徳は「理論的」あるいは「知識的」な徳、すなわち「理論」――別の言い方をすれば、知識――に基づく徳である（ディオゲネス・ラエルティオス『哲学者列伝』七・九〇）。魂の徳とは、人生に関する「調和した性状」のことである[65]。「調和（ホモロギアー）」の概念は、目的の定義の一つにおいても用いられている。だが人間の場合、この魂の調和は、理性という人間に固有なものからのみ生じうる。徳がしばしば「正しい理性[66]」と描写されるのは、このためである。つまり、徳とは理性の完成なのである。また、徳とは知識である。なぜなら、徳を成立させているのは、知識を構成し揺れうごくことのない「把握」だからである[67]。このことから、ストア派は「倫理的主知主義」と形容される。だが、このストア派の「主知主義」を、限定されたものとして考える必要がある。ストア派の徳の概念が主知主義であるのは、知識なしには徳が存在しえないというかぎりにおいてであって、知識だけでは十分ではない。徳は理論的な知識だけに限定されえず、有徳な人は、なすべきことの「理論家」であると同時に「実践者」でもある[68]。同様に、徳は訓練と実践を前提としており、行為において実現する。したがって、徳とは人生の技術であり[69]、そのようなものとして、徳は「人生において有益な目標のためにともに働かされる」（LS四二A）把握の全体である。それゆえ、徳とは、調和した仕方で、つまり私たち自身とそして自分の理性と一致した仕方で生きることを可能にし、実践を伴うような種類の知識である。

ストア派の主知主義的な側面は、とくにアリストテレス（『ニコマコス倫理学』六・一三・一一四四b・一五―二一）によって描写されたような、ソクラテスの系譜に連なる。アリストテレスの言うところでは、ソクラテスは「あらゆる徳は思慮である」と考えていて、この点でソクラテスは間違っていたが、「徳が思慮なしには存在しえないと述べた点では、彼の主張は正しかった」。というのも、アリストテレスにとって、思慮とは、「自然本性的な」徳を「厳密な意味での」徳へと変化させる知性的な徳だったからである。「ゼノンが、分配しなければならないものに関する思慮を正義として定義し、選択しなければならないものに関する思慮を節制として定義し、耐えなければならないものに関する思慮を勇気として定義するとき[70]」、アリストテレスの説明するようなソクラテス的な主張を、ゼノンは明らかに引きついでいる。後にアリストンは、思慮が唯一の徳であり、それが適用される対象による違いしかないと主張することによって、ゼノンの教えを過激にした。

だが、標準的な教説、つまりクリュシッポスの教えによれば、思慮は、正義、勇気、節制に並ぶ、四つの枢要徳のうちの一つにすぎない。「思慮とは、なすべきこと、なすべきでないこと、そのどちらでもないものについての知識、あるいは、自然本性によって社会的である動物にとっての、善、悪、そのどちらでもないものについての知識である。節制とは、選択すべきこと、忌避すべきこと、そのどちらでもないものについての知識である。正義とは、各人にふさわしいものを割りあてることに関する知識である。勇気とは、恐ろしいもの、恐ろしくないもの、そのどちらでもないものについての知識である[71]。徳は相互に連関していて、そのうちの一つだけをほかのものなしに獲得することはできない。とはいえ、これらの徳は同一のものではない。「徳は共通の諸理論（テオーレーマタ）をもっている」（ディオゲネス・ラエルティオス『哲学者列伝』七・一二五）が、もろもろの徳の定義が示しているように、徳はそれぞれに固有の理論ももっているのである[72]。これらすべての徳は知識として定義され、また、正義を除いて、これらの徳の定義は三つの部分を持つ。すなわち、徳の対象は、反対分割と下位分割によって得られている。また、この徳の分割は、プラトンの「枢要徳」から着想を得たようであり、いくつかの報告において両者は近いものとみなされている[73]。ただし、依然として思慮は、クリュシッポスにおいてさえ、それが「善、悪、そのどちらでもないものについての知識」として定義されているという点で、ほかの徳よりも広範囲にわたる。それゆえ、思慮はほかの徳の前提条件のようであり、このことは思慮を、それがアリストテレスにおいて演じていた役割へと近づける[74]。以上のような仕方で、ストア派の思慮の概念、さらにストア派の徳の概念一般は、三重の系譜を引いていることになる。つまり、徳を知識へと同化させるソクラテスの主知主義、四つの枢要徳というプラトンの教説、そして、思慮をその他の徳の必要不可欠な条件とするアリストテレスの考えである。

（F）義務、あるいは「適切なこと」（カテーコン）

有徳な生が人間の行為の目的である以上、人間の行為はそれ自体としてこの目的によって秩序づけられている。目的とは「そのためにあらゆることが適切になされるところのもの」である[75]。ディオゲネス・ラエルティオス『哲学者列伝』七・一〇七によれば[76]、「ストア派が「適切なこと」と言っているのは、それが行われたときに、合理的な説明を持つもののことである。たとえば、生において整合している行為である。適切なこととは、植物と動物にも適用される。というのも、これらのものにおいても適切なことが観察されるからである」。この語はしばしば「義務」と訳され、近代における義務の概念の起源になっているが、「適切なこと」（「ふさわしい働き（fonction propre）」あるいは「働き（fonction）」とも訳される）は、近代における義務の意味よりも、柔軟で拡がりのある言葉である。キケロはラテン語の「オフィキウム（*officium*）」という訳語をあてたが、これはフランス語の「オフィス（office）」の語源であり、かつて、その用法が廃れるまでは、「義務」という意味で長いあいだ用いられていた。ストア派の「適切なこと」は、ある存在にとって適切であり、それ自身の成り立ちに一致することを意味する。この語が植物にも適用されるのはこのためである。人間の場合は、適切なこととは「理性が人間に命じる行為[77]」である。なぜなら、理性は人間の成り立ちの一部だからである。

この定義は二つの要素を含んでいる。第一に、行為の合理的な説明を与えることができるということ。第二に、行為は人生における何らかの整合性に属しているということ、すなわち、その行為が、行為者にとって、自分自身と自分に固有の自然、また、全体の自然と一致していることを可能にするということである。したがって、適切なこととは、自然に適合したこと、あるいは、そうであると人が合理的に判断することができることである。適切なことは「合理的な」説明の領域にあるのであって、理性の不可侵の要請の領域にあるのではない。後にカント的な義務の概念となるものからは遠く隔たっている。適切なことのうちには、あらゆる状況において適切であることが存在する。たとえば、自分の両親、兄弟、祖国を敬い、友人を助けることである。これらの反対の行為は決して適切ではない。だが、多くの行為は、ある場合には適切であり、別の場合にはそうではない。このような違いが生まれるのは、適切なことは、アプリオリな理性から発する普遍的な道徳法則ではなく、自然に属するものだからである。どのような状況であれ、人は自分の健康に気をつかうべきであり、したがって、身体の傷害を避けるのは一般的に適切であるが、しかし、自分の生命を救うために手足の切断を受けいれることは適切かもしれない。適切なことのあいだの衝突と、ストア派の決疑論が生じるのは、とりわけ以上のことによる。

適切なことのうち、完全なものは「正当な行為（カトルトーマ）」であるとされる。正当な行為とは、徳によってなされた行為であり、たとえば、思慮深く行為すること、正義に適って行為することである[78]。言い換えれば、ある行為が「正当な行為」になるためには、徳が原動力でなければならないのである。私たちは、適切なことを利益のために、あるいは本能によって行うこともできる。この場合、行為に合理的な理由を与えることは可能だが、なされた行為は完全ではない。適切なことが必ずしも徳と結びついていないということは、厳密な意味での徳をもたない動植物にとっても適切なことが存在するということから明らかだろう。それゆえに、適切なことの定義は外的な説明を含んでいるのである。すなわち、適切なこととは、それが行われたときに、その動機がどのようなものであれ、合理的に説明されることが可能なことである。完全な行為の特徴は、それが徳によって動機づけられているということであり、たんなる適切なことは、外的な仕方で定義される。

現代において、ストア派には二種類の倫理があったという解釈も提案された。つまり、ふつうの人間の義務についての倫理と、知者の完全な義務についての倫理に分かれていて、義務の倫理と徳の倫理という二分法が存在するというのである。だが、知者の完全な義務も、義務であることには変わりがなく、両者を区別するのは、行為の内容それ自体ではなく、それが徳によって行われたということである。たしかに、一方ではふつうの義務、たとえば「結婚すること、外交使節になること、対話すること」などの「中間のもの」と呼ばれる義務があり、他方で、知者の「完全な義務」があるような印象を受けるかもしれない[79]。だが実際には、同一の行為が、徳を伴って行われたときに完全な義務となるのである。「両親を敬うことは有徳な人と有徳ではない人に共通であるが、思慮深く両親を敬うことは知者に固有である[80]」。適切なことと徳は、知者において一つに合わさり、実現され、ただ知者だけがあらゆることを完全な仕方で実行するのである。

（G）情念

それぞれの徳には専門の対象があり、思慮がとくにかかわるのは義務であるが、節制がとくにかかわるのは衝動である。「思慮は、適切なことにかかわる。節制は、人間の衝動にかかわる。勇気は、耐えなければならないことにかかわる。正義は、分配にかかわる[81]」。情念とは「魂の非理性的で自然に反した運動」、つまり「度を越えた衝動」（ディオゲネス・ラエルティオス『哲学者列伝』七・一一〇）であるので、不節制はあらゆる情念の源である[82]。

ストア派によれば、情念とは判断の誤りであるか、もしくは判断の誤りに起因するものである[83]。プラトンとアリストテレスに反して、ストア派は、情念の原因となるような魂の非理性的な部分が存在するとは考えなかった[84]。「昔の人たちは、情念は自然的なものであり、また理性に与らないものだとして、欲求と理性を魂の別々の部分に置いたが[85]、ゼノンはこの点にも同意しなかった。というのも、ゼノンの考えによれば、情念は随意的であり、臆測に基づく判断によって抱かれ、また、限度を知らない不節制は、あらゆる情念の母だからである」。ゼノンの先行者たちにおいては、魂の非理性的な部分は理性に反して働き、情念、とりわけ、「無抑制」「意志の弱さ」（アクラシアー）と呼ばれる現象の原因だと考えられていた。アクラシアーというのは、それが悪であると理解しながら、悪に支配されてしまうことである（情念の場合、魂の理性的な部分が非理性的な部分に自覚なく支配されることもありえるが、アクラシ

	行為に関わらない衝動（現在の対象）		行為に関わる衝動（未来の対象）	
	善と思われるものへの衝動 魂の拡張（エパルシス）	**悪と思われるものの忌避** 魂の収縮（シュストレー）	**善と思われるものへの衝動** 魂の傾き（オレクシス）	**悪と思われるものの忌避** 拒絶の運動（エックリシス）
よい感情	よろこび（カラー）		意欲（ブーレーシス）（羅：ウォルンタース）	注意、用心（エウラベイア）
情念	快楽（ヘードネー）	苦痛（リューペー）	欲望（エピテューミアー）	恐怖（ポボス）

表２　衝動

アーの場合は、理性的な部分が自覚している）。

ストア派にとっては、理性とは魂のうちにある考えの総体であり、情念を引きおこす非理性的部分というのは魂において存在しない。したがって、「情念とは劣悪な信念と判断のことである[86]」。だが同時に、情念とはただ劣悪な判断であるだけではなく、そのような判断に伴う衝動でもある。あらゆる衝動において三つの現象が組みあわさっている。あるものが善い（あるいは適切である）という表象、その表象への同意、そして、その同意から生じる衝動である。「「私が歩くことは適切である」。私が歩くのは、私がこのことを私に語り、私がこの信念に同意を与えた場合だけである[87]」。それゆえ、表象が情動を引きおこすたびに、抑えられない反応が生じるが（たとえば、顔が青ざめたり、胸が高鳴ったり）、この現象によって情念が成立するわけではない。情念が生じるのは、この最初の動きと、それに伴う表象へと非理性的な仕方で自分の同意を与え、自分の衝動を制御できなくなったときである[88]。情念がたんに判断や信念（つまり、同意）として定義されず、「度を越えた衝動[89]」として定義されるのは、このためである。クリュシッポスは、勢いがつきすぎてコントロールを失った走者に情念をたとえている[90]。以上のようにして、情念が、それを成立させた判断が消えた後も、まだ存続しうるということが説明される。ストア派は情念の治療を実践しており、その治療は主に、情念の対象が本当は悪ではない（あるいは善ではない）と示すことによって情念を癒そうとするものだった。だが、理性的に説得された後でも、身体的な現象は判断よりも長く続く。判断を矯正することによって、情念の原因は除去できるが、情念をただちに除去することはできないのである。この意味で、ストア派における情念の概念は、一般に言われているほどには、主知主義的でもないし認知主義的でもない。これらの衝動が身体的に感覚されるものであるだけに、なおさらそうである。というのも、心臓（すなわち魂の場所）の収縮と拡張が感じられるからである。

情念とは反対に、もし判断が正しく、衝動が制御されている場合には、衝動は「合理的」であり、「よい感情」（エウパテイア）と呼ばれる。ストア派はあらゆる情念を根絶しようとするが、あらゆる感情までをも取りのぞこうとはしない。なぜなら、ストア派はこれらのよい感情を善であると考えるからである。基本的な情念は四つあるが、基本的な合理的な感情は三つしかないとされる。なぜなら、「現在における悪について、知者が感情を抱くことはない」（キケロ『トゥスクルム荘対談集』四・一四）からである。

（H）知者と国（ポリス）

徳が知識と同一のものだという主張、また、一つの徳をもつ人はあらゆる徳をもつという、徳の相互連関についての主張（ディオゲネス・ラエルティオス『哲学者列伝』七・一二五）のために、ストア派において徳は、到達することがきわめて難しい、ただ知者だけにかぎられた魂の性状となっている。このことから二つのことが帰結する。まず、知者は「不死鳥よりも稀[91]」であるほどに、数の少ない存在である。さらに、知者ではない人はすべて「劣悪な人（パウロス）」であり（すなわち、よく訳されるようにたんに「分別がない人」であるだけではなく、粗悪な人間のことである）、たとえ徳へ向かって進歩していたとしても劣悪なのである。なぜなら、悪徳と徳のあいだの中間は存在しないとされるからである[92]。そのため、ストア派は徳へと前進する人たちに対して、その人たちはまったく進歩していない人たちと変わらず劣悪で不幸だとして、容赦ない態度をとっているように見えるかもしれない。しかしながら、ゼノンに加えて、クレアンテスもクリュシッポスも、これらの不幸な人たちのなかに自分たちを数えていたし[93]、徳への進歩を「優先されるもの」だと考えた（ディオゲネス・ラエルティオス『哲学者列伝』七・一〇六）。

このような、ただ知者だけが有徳であり、知者だけがあらゆることを完全に行うという知者の完全性から、一連の「知者のパラドクス」が生じる。この逆説によると、知者だけが自由人であり、王であり、役人であり、裁判官であり、弁論家であり、さらには将軍であり家政に長けた人である、ということになる[94]。

理想的には、知者の同胞市民になれるのはほかの知者だけであるということになり、ゼノンと彼の後継者たちは、知者の国（ポリス）を描写した。知者の国は、友情によって結ばれ、そこでは友人のあいだであらゆるものが共有されるので、貨幣も裁判所も存在せず、さらには、妻と子どもまでもが全員で共有される（ディオゲネス・ラエルティオス『哲学者列伝』七・三三―三四、一三一）。だが現実においては、一つの国を実際に構成するに足りるだけの知者は存在しない。したがって、ゼノンによって推奨された理想国の価値とは何であるのかと疑問に思われるだろう。ゼノンとその後継者たちは、これらの原則には忠実でありながらも、哲学者は家族をつくり、自分が暮らすことになった不完全な国における社会生活に参加するべきであると認めていたようである。というのも、そうすれば「彼は悪徳を防ぎ、人びとを徳へと促すだろうから」である（ディオゲネス・ラエルティオス『哲学者列伝』七・一二一）。もしも、クリュシッポスの考えによれば、知者の国とは人間が神々と分かちあう宇宙のことであり、また、知者が知者の国の規則に従って生きるというのはこの意味での国においてであり、同時に知者は彼が実際に暮らしている国の法も受けいれるということであるならば、以上の二つの主張は両立可能なのかもしれない[95]。

4 自然学

(A) 自然学の区分

ディオゲネス・ラエルティオス『哲学者列伝』七・一三二において、自然学の二つの区分が説明されている。(一)「種に従った」、五つの「領域」への区分。すなわち、①物体、②原理、③構成要素、④神々、⑤限界、場所と空虚である。そして、(二)「類に従った」三つの部分への区分。すなわち、①宇宙、②構成要素、③原因についての理論である。LS(二巻二三九頁)によれば、「種に従った」区分は「第一哲学」[*1]が扱う問題に対応しており、類による区分は「現に存在するものとしての宇宙」における「自然現象を説明する」。自然学の基本的な問題と、具体的な自然現象の説明というこの区別は、ゼノンに遡るようである。どうやらゼノンは、『実体について』という著作で原理と構成要素を論じ(ディオゲネス・ラエルティオス『哲学者列伝』七・一三四)、他方で『宇宙について』において宇宙の形成と構造を扱ったらしい[96]。

しかしながら、種に従った自然学の区分は、「第一哲学」というよりも基礎的な自然学に近いということに注意しなければならない。厳密に言えば、ストア派において、「在るとしての在る」を考察する一般的な学問、あるいは存在論に相当するものはない。なぜなら、存在は最高位の類ではなく、存在論は自然学の一部分にすぎないからである。神学についてはどうかというと(アリストテレスにおいて、神学は固有の対象を持つ形而上学の形式であり、これは後に「特殊形而上学」と呼ばれるようになる)、明らかに、神学は第一哲学としてではなく、むしろ自然学の最後の部分として提示されている。クリュシッポスによれば、神学は最後に説明されなければならないものとされ[97]、したがって、決して「メタ・ピュシカ」[*2]ではないのである。

加えて、この形而上学という概念は、ディオゲネス・ラエルティオスの『哲学者列伝』における神学をその他の「領域」の一つにすぎないとする区分に合致しない。倫理学の場合と同様に、ディオゲネス・ラエルティオスによる説明それ自体は、原理についての問題から始まるものの、クリュシッポスの主張した順序とはさらに別の順序に従っている。

（B）「類」——物体、非物体、存在の類

ストア派の自然学は、「類」について二つの説明を含んでいる。一つは、「最高位の類」の問題についてであり、もう一つは「存在の類」つまり「カテゴリー」の問題についてである。ストア派の体系においてこれら二つの問題を位置づけることは、ディオゲネス・ラエルティオスがこれらについて沈黙して

＊1　すなわち形而上学。
＊2　自然学の後のもの、あるいは自然学を超えたものという意味。

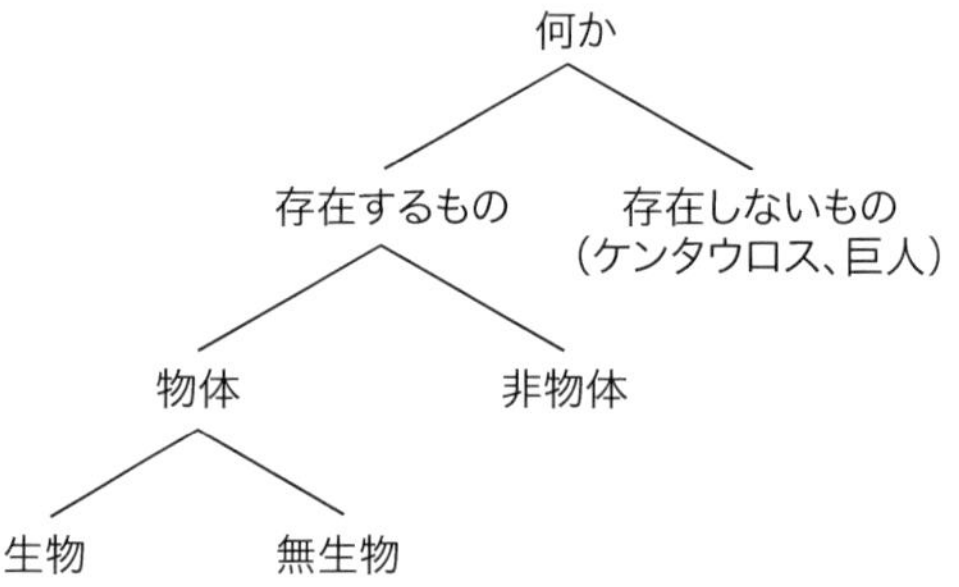

図７　セネカによる最高位の類の分割

いるだけに、いっそう難しい。最初の問題についての資料の一つは、セネカの『倫理書簡集』五八・一五（LS二七A）であり、それによると、この問題はむしろ「自然のうちにあるもの」にかかわる教説の一つであり、自然学に属するということである。

　この『倫理書簡集』五八には、「最高位の類」と、それについてのプラトン、アリストテレス、ストア派の主張の違いに関する長い議論が含まれている。プラトンとアリストテレスにとっては、最高位の類は「存在するもの」（*quod est*）である。それに対して、ストア派においては、存在よりも一般的な類として、「何か」（*quid*、ギリシア語では「ティ」）がある。別の証言によると[98]、この最高位の類の種として、「存在するもの」（ト・オン）――すなわち物体――と、存在しないもの、つまり非物体があるということになる。だがセネカは、もし彼もまた「何か」を「存在するもの」と「存在しないもの」へと分割しているとすれば、それらの内容として違うものを与えていることになる。というのも、セネカによれば、「存在しないもの」

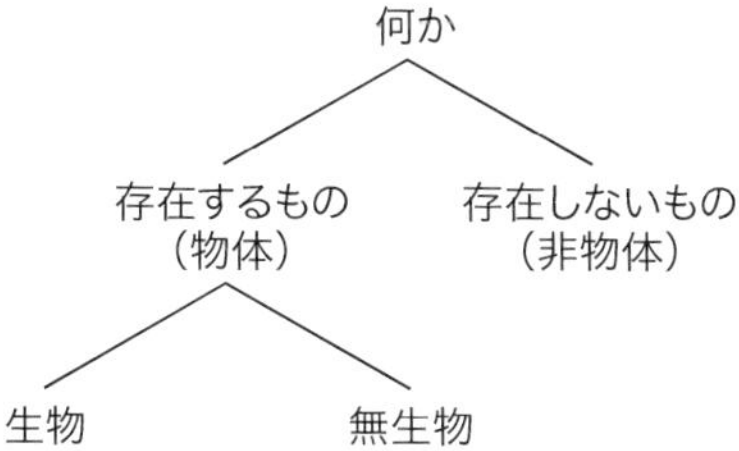

図８　ストア派の伝統的な分割

とは、ケンタウロスや巨人のような、想像上の生物のことだからである（図７を参照）。

セネカによる分割は、ほかの証言と整合させることが難しい。別の箇所では、想像上の生物が、「存在しないもの」としてではなく、対応する事物をもたない想像力の運動の産物として説明されているだけに、なおさらである[99]。したがって、次のような分割（図８）がストア派のものとしてより説得力があるだろう[100]。

ディオゲネス・ラエルティオス『哲学者列伝』七・一三五によれば、「物体とは、アポロドロスが『自然学』において言うように、長さ、幅、奥行きの三次元の延長をもつものである」。キケロの『アカデミカ後書』一・三九（ＬＳ四五Ａ）におけるゼノンについての証言は、「作用するもの、あるいは、作用されるもの」という、物体のより一般的な定義を与えているようにみえる。これは物体のより一般的な定義であるのか、あるいは、物体の性質であるのだろうか？　たとえば、エピクロス派のルクレティウスによれば、「物体なしには、何も、決して、作用することも作用されることもない」（一・四四三）とされ、物体であることは、作用すること、あるいは作用されることの条件であるようである。他方で、セクストスは（『ピュロン主義哲学の概要』三・三八―三九）、三次元の延長をもつことと、作用するか作用されることを、物体についての二つの異なる概念として考えているようである。実は、この議論におけるすべての項目は、プラトンの『ソピステース』二四七ｄ―ｅから来ている。プラトンによると、作用するか、あるいは作用される能力は、物体の性質ではなく、物体であるか非物体であるかにかかわらず「存在」の性質である。したがって、ゼノンは、明らかにこのプラトンの主張に反対しているのである。だが、作用するか作用されるものという物体の概念は、キケロの説明によると、魂が非物体であるというプラトンの主張に反対する立場だということである。これに対して、三次元であることという物体の定義は、立体の定義であり、ディオゲネス・ラエルティオスにおいて幾何学に関する一連の定義（点、線、面）のうちの一つである。さらに、三次元の延長をもつことは、空虚と場所という、非物体[101]にもあてはまるようにみえるが、もしそうであれば、ほかの幾何学的なものとの関係においてでなければ、三次元ということによって物体を定義することはできない。したがって、物体を区別するために、ストア派は、三次元であることに追加の性質として、抵抗性を与えるか[102]、あるいは、作用するか作用される能力をもつものとして物理的な物体を定義しなければならなかった。

実際、非物体は三次元の延長をもたないものとしてではなく、作用する能力も作用される能力もないものとして説明されている[103]。非物体とは、言表されうるもの（レクトン）、空虚、場所、そして時間である[104]。言表されうるもの（問答法の対象であり、さらに原因についての理論にもかかわる）[105]と、時間を除いて、これらは種に従った自然学の区分の最後の領域である。セクストス『学者たちへの論駁』一〇・三－四（LS四九B）によれば、空虚とは、物体によって占められることが可能であるが、占められていないもののことであり、場所とは、物体によって占められていて、それを占めている物体と等しい大きさであるもののことである。場所とは、ある意味で、占められた空虚である。だがストア派によれば、エピクロス派の主張とは異なり、宇宙の外側にしか空虚は存在せず、内側には存在しない。空虚と場所とは互いに緊密に結びついており、さらに物体の概念とも結びついている。空虚は、時おり物体と対比させられて、抵抗性のない延長として定義されているし、そして場所は、物体を含むものである限りにおいて、三次元に拡がっているが、抵抗性をもたないものである。明らかに、時間は三次元の延長をもたないが、だが「運動の次元」あるいは「宇宙の運動の次元」として定義されている[106]。したがって、これらの三つの概念は、次元という概念、あるいは、抵抗性という概念と緊密に結びついている。以上のことから、非物体は存在しないものとしてあらわれなければならない。非物体は、物体と存在論的に同等ではないのである。

「存在の類」あるいは「カテゴリー」と呼ばれる教説は、主に物体にかかわるようである。この理論は、ディオゲネス・ラエルティオスの『哲学者列伝』では言及されておらず、私たちがこの理論について知ることができるのは、ただプロティノスの『エンネアデス』六・一―三〔四二―四四〕の「類」についての論考と、アリストテレスの『カテゴリー論』についての新プラトン主義者たちによる注解を通じてである。この理論がストア派において本当はどのように呼ばれていたのかということも、どの時代にこの理論があらわれたのかということすらも、はっきりしない。プロティノスは、アリストテレスの「カテゴリー」と、『ソピステース』における五つの第一の「類」に、これらのストア派の「類」を対比させている。『エンネアデス』六・一〔四二〕・二五において[107]、プロティノスは、ストア派は四つの「類」への分割を提案したと述べている。すなわち、「基体」、「そのようにあるもの」（あるいは「性質を与えられたもの」）、「ある様態にあるもの」、そして「あるものに対してある様態にあるもの」である。おそらく、カテゴリーについてストア派が書いた最初の本が、アテノドロスの失われた論考である『アリストテレス「カテゴリー論」論駁』だったということは、重要だろう[108]。このことから推測できるのは、アリストテレスの『カテゴリー論』が再発見され議論の的となったときに、ストア派は彼らの四つの「類」を、アリストテレスの十の「カテゴリー」を還元したものとして、あるいはむしろ、その代替案としてはっきり示したということである。

①基体には二つの意味がある[109]。a．性質のない素材、すなわち、第一の素材。b．共通の仕方で性質を与えられたもの（たとえば青銅）、あるいは固有の仕方で性質を与えられたもの（たとえばソクラテス）。②「そのようにあるもの」あるいは「性質を与えられたもの」は三つの意味をもつ[110]。a．差異

を与えられているすべてのもの。たとえば、握りこぶしを突きだしている人、思慮深い人、走っている人。b．静止した状態において、ある差異を与えられているもの。たとえば、握りこぶしを突きだしている人、思慮深い人。c．特定の意味において、性質を与えられたもの。たとえば、思慮深い人。第一の意味では、持続しようとしまいと、あらゆる差異を受けとったものが、性質を与えられたものである。第二の意味では、ただ静止した状態にあるものだけが、たとえその状態が永続的で持続するものでなくとも、性質を与えられていることになる。第三の意味だけが、性質、すなわち、その第二の意味における基体の安定した状態に対応する。というのも、その例として、思慮深い人、すなわち、失われることのない徳をそなえた人が挙げられているからである。③「ある様態にあるもの（ポース・エコン）」は、第二、第三の意味における「性質を与えられたもの」に相当する。なぜならその具体例は、ある様態にある手としての、握りこぶしと、ある様態にある魂としての、知識だからである[111]。④「あるものに対してある様態にあるもの（プロス・ティ・ポース・エコン）」とは、内的な変化によって存在するのではなく、外的なほかのものとの関係において存在するもののことである。たとえば、息子、右にあるもの、などである[112]。甘さや苦さが内的な変化を被るのに対して、右にあるものや息子は、それらのうちにおいて何も変化しなくても、そのようなものとして存在する。これら三つの「類」（②、③、④）は、第一の類を変様させることのできる差異を説明している。つまりこれらの差異は、内的なものであるか（第二、第三の類）、外的なもの（第四の類）であるかである。そして、安定した差異は性質（思慮、青銅）

によって与えられ、持続的でない差異は、性質の変化を伴わない、ただの状態の変化に基づいている。言葉の部分と「カテゴリー」とが対応しているという解釈も存在する[113]。すなわち、言葉のそれぞれの部分が、特定の一つのカテゴリーに対応しているというのである。だがこのような再構築は、たとえば、「ある様態にあるもの」について資料が述べていることと整合しない。この解釈によると、「ある様態にあるもの」とは動詞によって表示されるもののことであるが、具体例として挙げられているのはすべて呼び名（一般名詞）の例である。したがって、これらはむしろ自然学のカテゴリーなのだが、とはいえこれらは物理的に区別された事物なのではない。というのも、これらは基体のさまざまな局面なのだからである。つまり、これらは、物体と非物体とが相互排他的な二つの類であるという意味での類ではなく、物体が一つの類であり生物がその下位の種であるという意味での類でもなく、むしろ、これらの「類」は、同一の主体を、異なる度合いにおいて変様させることのできるような、異なる特性あるいは変化なのである。

（C）原理と構成要素

ディオゲネス・ラエルティオス『哲学者列伝』七・一三四によれば、原理は二つある。一つは、能動（産出）原理であり、神あるいは理性である。もう一つは、産出原理の行為を被る受動原理である。能動原理は、素材の内側で作用する。この原理は「デーミウールゴス」のように働くこと、つまり、素材を職人（ギリシア語でデーミウールゴス）のように変化させることができるのだが、それはプラトンの『ティマイオス』の神的な職人がそうするのと同様である。だが、プラトンにおいては以下の区別が必要である。①「受容者」を変化させるデーミウールゴス。②この受容者、つまり素材。③この変化が手本とする知性的な範型。これに対して、ストア派においては、デーミウールゴスは素材に内在しており、また知性的な範型は存在しない。能動原理は、物体のうちにある生物的な原理である。それは理性であると同時に種子でもあるので、「種子的理性」である。受動原理は第一の素材、すなわち、性質のない素材（「カテゴリー」のうちの、基体の一つの意味に対応する）である。

多くのソクラテス以前の哲学者たちの主張とは異なり、ストア派において原理は構成要素（空気、水、火、土）ではないのであって、たしかに構成要素のうちには受動的なもの（水と土）と能動的なもの（空気と火）とがあるが、原理はそれらから明確に区別されている[114]。原理は生成も破壊もされえず、形を持たないが、構成要素は生みだされたものであり、宇宙の大燃焼のときに破壊され、特定の形を持っている。両者に共通するのは、物体であるということだけである。実際、原理は、作用を生みだすか、あるいは作用を被ることができるという、物体の特徴をもっているが、ただし、原理においてはこれらの特徴は相互排他的であり、一つの原理が能動的で、もう一つの原理は受動的である。だが、原理がいかなる構造も受けとらなかったのに対して、構成要素は、構造を受けとって形成される最初の物体である。この意味で、二つの原理はすでに構成要素において働いている。逆に、構成要素は、宇宙の一周期の最後に、あらゆるものがそれへと解体される物体でもある（ディオゲネス・ラエルティオス『哲学者列伝』七・一三六）。全宇宙において、受動原理としての素材と、能動原理としての理性は、分けがたく結びついており[115]、決して別々の状態で存在しない。素材は、定義上、姿も形もなく、性質をもたないが、現実において、能動原理から離れて存在することはない。「この素材は、つねにある性質と組みあわされ、分けがたく結びつけられている[116]」。「四つの構成要素が一緒になった」ものが性質のない素材であり、すなわち、この素材は「すべての性質をもっている[117]」。構成要素の相反する性質は、打ちけしあってゼロになる。宇宙の各周期の最後ですら、火だけが存在するのであって、つまり、つねに性質をもった素材が存在する。したがって、宇宙の形成に先だつ、形のない混沌の瞬間は存在しないのである。

（D）宇宙と宇宙の周期

大半のストア派哲学者によれば、一定の間隔で、宇宙は形成され、その後宇宙の周期の終わりに火へと解体され、そしてまた同一のものへと再生される。したがって、各周期は火から始まり、四つの構成要素を生みだし、それらから宇宙は秩序づけられ、そして周期の最後に再び火に戻る。このことは、ニーチェ以来「永遠回帰[118]」と呼ばれる。ストア派自身は、「パリンゲネシアー」、つまり、永遠に再開される生成という言葉を使った。

火は「際だった構成要素である［…。］なぜならほかのものは、変化によって、第一のものとしてのそれから構成され、また最終的に、すべてのものは、溶けてそれへと分解されるからである[119]。火は希薄化の過程によって空気へと変化し、空気は凝縮によって湿り、さらに強く凝縮すると土ができ、そして最後に、空気を精製すると火ができる（ディオゲネス・ラエルティオス『哲学者列伝』一三六―一三七、一四二）。この過程の各段階において、新たに生みだされた構成要素の一部は持続し、一部はさらに別の構成要素を生みだす。最終段階で構成要素の火がつくられるということは、原初の根源的な火と、構成要素としての火が区別されていることを暗に示している。これらの構成要素から土と空が形成され、土は最も重い構成要素であるので、土は宇宙の中心にあり、より微細な部分である水、空気、火（星々、惑星、太陽は火からなる）は周辺にある。土の上には、四つの構成要素の組みあわせによって、「植物、動物、そしてその他の種族」が形成される（ディオゲネス・ラエルティオス『哲学者列伝』七・一四二）。

パリンゲネシアーの教説は、その最も完全な形式においては、以下の四つの要素を含んでいる。①「大周期」という、とても長い期間（一万八千年）があり、この期間の終わりに星々は宇宙ができたときの初期位置に戻り、同じ運行を再開する。②「エクピュローシス（大燃焼）」が宇宙を燃やし、宇宙は火の状態へと戻って、完全に破壊される。③この破壊の後に、以前と同じ生成の過程をたどって再生した宇宙に、元どおりの秩序が回復される。④個人は以前と同じ形式で再生し、さらに、各周期において同じできごとが個人に起こる。「再びソクラテスやプラトンといった一人ひとりの人間が、同じ友人や同じ市民たちとともに存在するだろうし、そして彼らは同じことを被り、同じことに出くわし、同じことに取りくむだろう[120]」。第一と第四の要素はすでに何人かのピュタゴラス主義者たちによって主張されていたようだが[121]、第二と第三の要素はストア派に特有である。

二つのモデル（周期的な循環と大燃焼）の組みあわせがストア派にみられることの理由として、おそらく、循環的な時間の問題と、個人のアイデンティティの問題があげられるだろう。これらの問題はすでにアリストテレスの時代からよく知られており、たとえば『問題集』一七・三において以下のように言われている。「人間にかかわる事柄は円環をなすと言われている」のであって、星々の運行にくらべることができるが、しかしながら、もし時間と私たちが元どおりにまたやってくるのだとすれば、私たち自身がトロイア人よりも古いということになってしまうだろう、と。だが、ストア派にとって、パリンゲネシアーは、アリストテレスの言う意味での、数において同一である個人の再生ではない。再生するのは、同じ個別的な性質において同一である個人であり[122]、また、時間は同一ではない。というのも、大燃焼が存在し、それは宇宙を破壊することによって、宇宙の運動と、それに伴う時間を中断するからである。

だが、どうして宇宙は元どおりに再建されるのだろうか？　それは、宇宙は宿命と摂理によって支配されており、因果と理性的な存在の両方に従っているからである。

（E）人間と宇宙における魂と自然

神、あるいは理性は、素材が原初の火の状態にあるときからすでに素材に内在し、種子として、すなわち、動物と植物をつくる生物的な原理としてはたらく理性的な原理である。人間のうちにあるものとしては、それは魂として人間を指導する指導的な原理でもある。宇宙のうちにも、動物と同じように、二つの運動の原理がある。成長の原理としての自然と、運動の原理としての魂（理性的でありうる魂）である。宇宙全体は気息によって生かされており、この気息は動物を生かす気息に類似している。

実際、ストア派は、魂とは気息であると主張していた。まず、非物体と物体とが相互に作用することはなく、また、いかなる非物体的なものも物体から切り離すことができないということから、魂は物体であるということが論証される[123]。さらに、魂が気息であるということは、気息が身体を去ったときに動物は死ぬということによって示される[124]。クリュシッポスによれば、「魂は、私たちにとって自然である気息であり、この気息は全身に連続して行きわたっていて、生命の安らかな呼吸が身体のうちにある限り、存在する[125]」。プネウマ（気息）には異なる形式がある。「保持に関する（ヘクティコス）」気息、自然に関する気息、そして魂に関する気息である[126]。「保持に関する」気息とは、命のない物体を維持、あるいは「保持する」気息であり、鉱物や木材、さらに、骨の結合を保っている。自然に関する気息は、栄養摂取と成長を可能にする（これらの機能は、アリストテレスにおいて、魂の植物的な部分に割りあてられている）。自然に関する気息は、基本的に植物のうちに存在するが、髪の毛と爪のうちにもある。

魂に関する気息は、自然に関する気息よりも乾燥していて希薄であり、感覚と衝動を可能にする。動物のうちに魂が存在し、その指導的な部分に集中しながらも、全身に拡がって動物を生かしているのと同様に、宇宙のうちにも、神的な気息が、火の形式で宇宙の指導的な部分（太陽）において集中し、宇宙のあらゆる素材のうちに拡がって、宇宙を生かしている。したがって、ストア派は伝統的なギリシアの神々を信じていない。しかしながら、神々とは、この原理に対して、それが浸透している宇宙の各部分に応じて人びとがつけた名前にすぎない、とストア派が主張するとき、彼らは伝統的な神学を再解釈しているのである。たとえば、ヘラは空気に内在する原理で、ポセイドンは海に内在する原理であり、ゼウスは、宇宙の指導的な部分に内在する生命の原理である（ディオゲネス・ラエルティオス『哲学者列伝』七・一四七）。

宇宙においても、動物においてと同じように、自然は成長の原理である。「自然は、秩序だった仕方で生成へと進む技術的な火である」、とゼノンは宇宙の自然本性について述べている[127]。動物と宇宙が発達するとき、気息はもはや成長を可能にするだけでなく、感覚と運動も可能にする。神は、内在しながら宇宙をこしらえ、魂がそうする仕方で宇宙を導く。

母親の胎内で、胎児は魂をもたない。胎児は植物と同じようにへその緒から栄養をとり、「母親の腹の一部」である[128]。出生のときに、胎児は動物になり、胎児の気息は自然に関する気息から魂に関する気息へと変化して、胎児の自然本性は魂になる。この変化は、物理・化学的な過程の結果として起こる。母親の胎内の胎児において、濃密な、自然に関する気息が希薄になり、その後、出生のときに接触する空気の冷却作用によって、胎児の気息は凝縮されて魂に関する気息へと変化する[129]。プルタルコスは、ストア派を批判する議論のなかで、出生のときの気息の凝縮と、魂に関する気息は自然に関する気息よりも希薄であるという主張のあいだに矛盾があると指摘している。だが、ヒエロクレスによれば、プネウマの希薄化は出生に先だつのである[130]。

（F）混合と「共感（シュンパテイア）」

動物においても宇宙においても、物体（身体）全体のうちに浸透するためには、魂はそれに混ぜあわされなければならない。クリュシッポスは、物体の構成には三種類あるとした[131]。並置の場合、たとえば、麦の粒がひとまとまりにされているとき、物体は互いに混ぜあわさっていない。化合の場合、二つの物体は互いの異なる実体と性質を組みあわせて、新しい実体と性質を生みだす。このような混合は、不可逆的であり、たとえば薬品の場合に起こる。薬品は、化学的な組みあわせによって、その原料にはない性質をもっている。完全な（ディ・ホローン）混合の場合、二つの物体は相互に浸透し、相互に性質が加わるが、この混合は可逆的であり、二つの組みあわさった物体を分離することができる。このような混合は、液体にも生じ、「混和（クラーシス）」と呼ばれる（ストア派は、アリストテレス（『生成と消滅について』一・一〇）に反論して、一滴のワインが大海に混ざることができると主張している）が、乾いた物体にも生じ、その場合には本来の意味での「混合（ミクシス）」と呼ばれる。この本来の意味での「混合」こそが、相互に混ざりあう魂と身体の場合にあてはまる[132]。この混合は神的な気息が宇宙を導くことを可能にし、宇宙は宇宙全体に拡がる「共感（シュンパテイア）」によって変様させられる。「この宇宙は自然によって統治されているが、それは、宇宙が一つの気息に満ち、自分自身と共感しているからである[133]」。言い換えれば、宇宙のあらゆる部分は、同じ気息によって一つにされているので、ともに変様させられるのであり、これと同じ仕方で、ある一つの身体のあらゆる部分は、個々の動物を導く個別的な魂によって浸透されているので、ともに変様させられるのである。

（G）宿命と原因——人間の責任と神の摂理

もしもすべてが宿命に従って生じるならば、人間の責任はどのように位置づけられるのだろうか？クリュシッポスが解決しようとしたのはこの困難である[134]。たとえ宿命に人間の行為の責任があるとしても、人間の過ちを宿命に帰すことはできない。アリストテレスとエピクロスにおいては、人間の行為は自由であり決定されていないので、道徳的な責任が存在する。キケロの『宿命について』三九（LS六二C）によれば、クリュシッポスは「魂の意志的な運動」と宿命とを両立させようとした。この議論は、原因についての一般的な理論の枠内にある。

ゼノンとクリュシッポスに共通する定義によれば、原因とは「それのゆえにであるところのもの[135]」

である。このことは、彼らがアリストテレスによって定められた原因のうちのいくつか、つまり素材因（「それから」あるものがつくられるもの、たとえば、彫像が青銅からつくられる場合の青銅）と、目的因（「それのために」あるものがなされるもの、たとえば、散歩が健康のためになされる場合の健康）のようなものを、否定したということを意味している。ストア派にとって、原因はどちらかというとアリストテレスにおける起動因に近い。しかしながら、ストア派の理論は、アレクサンドリアのクレメンス（『ストロマテイス（綴織）』八・九）[136]がよく示しているように、アリストテレスの理論とは異なっている。アリストテレスにとって、原因とは、名詞によって指示されるようなあるものの原因である（たとえば、建築家は家の原因である）が、ストア派にとっては、原因とは、ほかの物体への作用の原因となる物体である。この作用は、非物体的な言表されうるもの（レクトン）であり、述語（「切られる」）か、あるいは命題である（「船が建設される」）。「たとえば、ナイフは物体であり、もう一つの物体である肉にとっての、「切られる」という非物体的な述語の原因である」（セクストス・エンペイリコス『学者たちへの論駁』九・二一一＝LS五五B）。論理学において、言表されうるものは、理性的な表象と対応して存在し言語によって言表されることができるような、思考の対象だとされる。自然学においては、言表されうるものは、原因である物体が別の物体に及ぼす作用であるともされる。このことは、思考と言語の内容である表示されるものが、宇宙における物体の作用と同一であるということを、暗に示している。

　ゼノンはこの教説から、「原因が、それがその原因であるところのものが生じることなしに存在するということは、不可能である」という結論に至った（LS五五A）。だがクリュシッポスは原因を精密に区別し、すべての原因が必ずしもその結果をもたらすわけではないと強調する。クレメンスによれば、クリュシッポスは四種類の原因を区別した。①先行的な（プロカタルクティコン）原因、②保持的な（シュネクティコン）原因、③補助的な原因、④共同的な原因である[137]。

先行的な原因は、「あるできごとに最初に傾向をあたえる」が、必然的な原因ではなく、この原因が存在するからといって、結果が必然的に生じるのではない。他方、この原因が消滅した後も、結果は存続することができる。

保持的な原因は「「完全な原因」という名前でも呼ばれる。なぜなら、この原因はそれ自体で結果を生むからである」。必然的な仕方で結果を生むのはこの原因であるが、逆に、もしこの原因が消えれば、結果は存続することができない。クレメンスは、このことを説明するために比喩（おそらくクリュシッポスによるものではないだろう）を用いている。父親は教育の先行的な原因であるが（なぜなら、彼は息子を学校へ通わせることを決めたのだから）、教育の完全な原因であるのは教師である。

引きつづきクレメンスの比喩に従えば、補助的な原因は生徒の素質にあたり、保持的な原因のはたらきを「強化」するのが、この原因である。補助的な原因は支援に来る補助兵に似ている。共同的な原因は保持的な原因を必要としないが、それだけでは十分でなく、ほかの共同的な原因とともに結果を生むのに貢献する。クレメンスは共同的な原因の例として、船を建設するために協力する作業員たちを挙げている。

キケロの『宿命について』三九―四三（LS六二C五）において、「補助的で近接する」原因と、「十全で主要な」原因との区別がみられる。後者は完全な原因に重なるようであり、前者はその他の三つの原因を多かれ少なかれまとめたのかもしれないが、いずれにせよ先行的な原因のことである。というのも、キケロの『宿命について』四一（LS六二C五）によれば、クリュシッポスは、宿命が生じるのは「補助的で近接する」原因によると主張したのであり、また、プルタルコスの『ストア派の自己矛盾について』四七・一〇五六B（LS五五R）によれば、宿命は私たちの行為の「先行的な」原因だからである。

「宿命とは、別のことに続いて生じることの全体の、永遠にわたる、ある自然的な秩序であり、その絡みあいが壊されることはない[138]」。それは、「あらゆることとの、繫ぎあわされた原因、あるいは、それに従って宇宙が導かれているところの理性である」（ディオゲネス・ラエルティオス『哲学者列伝』七・一四九）。その「実体」は、「秩序だったやり方ですべてを統治するプネウマの力[139]」である。したがって、①宿命は、その絡みあいを壊すことができない、原因の連鎖として定義される（この言い回しは、モイラ女神たちによって紡がれる運命の糸という伝統的なイメージを、形を変えて再利用している）。②宿命は、宇宙全体のあらゆる部分がそれらを一つにまとめる気息によって浸透されているということで説明される。③この気息は神的で理性的なものなのだから、宿命は、宇宙を理性的な仕方で支配している。したがって、「共通の自然と、この自然の共通の理性は、宿命であり、摂理であり、ゼウスである[140]」。

偽プルタルコスによると、宿命が存在するということをストア派は手を尽くして論じた[141]。①「何も原因なしには生じず、むしろ先行する原因によって生じる」ということ[142]。②宇宙は「自然によって統治されており、それは、宇宙が一つの気息に満ち、自分自身と共感しているからである」という論。③「これらの論を支持する証言」、すなわち、占いが存在するということと、「あらゆることは運命に従って生じると考えて」知者が宿命を受けいれるということ。そして最後に、あらゆる命題は真か偽のいずれかであるという二値原理である[143]。この最後の論によれば、もし原因のない運動があったとすると、未来についての命題は真でも偽でもないということになってしまう（未来についての命題が真か偽のいずれかであるためには、その命題は、それを真か偽のいずれかとする原因をもたなければならない）。だが、命題は真か偽のいずれかである。したがって、原因のない運動は存在せず、そして、「もしこのようであるならば、生じることはすべて先行する原因によって生じるのであり、もしそうであるなら、あらゆることは宿命によって生じるのである[144]」。アリストテレスが『命題論』の九章において決定論を拒絶し、したがってどちらかというと二値原理の普遍性を拒絶するほうに傾いているのに対して、クリュシッポスが二値原理から因果の原理を導いているのは意外に感じられるかもしれない。だが、あらゆることが先行する原因によって生じるという主張は、第一の論においてもすでに論証されている。したがって、二値原理は、ほかの仕方ですでに確立された主張を補強しているだけである。さらに、命題の身分はクリュシッポスとアリストテレスとでは完全に異なっており、アリストテレスにおいて命題は、それを言表したものから区別されていない。

宿命が宇宙全体における因果関係の原理だとすると、何も宿命を逃れることはできない。人間の行為それ自体も、宿命によって「動かされ」「支配され」なければならない。もしそうであるならば、人間は自分たちの過ちの責任を宿命へ転嫁することができるだろう（ゲッリウス『アッティカの夜』七・二・四－一二＝LS五五K）。悪について責任があるのは宿命あるいは神なのである。さらに、もし宿命によって定められていることは私たちが何をしようと実現されるのだと考えるならば、この主張から宿命論と怠惰が帰結するだろう。これが「怠惰な議論」の意味するところである。「もし病気から回復するのが君の宿命なら、医者を呼んでも呼ばなくても、君は回復するだろう。だがもし回復しないのが君の宿命なら、医者を呼んでも呼ばなくても、君は回復しないだろう。しかるに君の宿命は回復するかしないかのどちらかである。したがって、君が医者を呼ぶのは無駄である[145]」。こうして、宿命は悪や怠惰を正当化しうるのである。

クリュシッポスは、以上のような批判に応答した。怠惰な議論に対しては、クリュシッポスは、私たちが医者のおかげで回復するということと、私たちが医者を呼ぶことは「一緒に宿命づけられている（一緒に決定されている）」と述べた。「私たちから多くのことが生じている」が、「それらも宇宙全体の統治と一緒に宿命づけられているということに変わりはない」。たとえば、「ある人が敵の手から逃れるということは、その人が敵から逃げるということと一緒に宿命づけられているし、子どもが生まれるということは、女性との性交を望むことと一緒に宿命づけられている」[146]。このことは、人間を自由意志による行為の原因とはしないが、宿命論であるという批判に応えている。すなわち、人間の行為は宿命の流れのうちに組みこまれているが、宿命はあらゆる行為を麻痺させるのではない。

別の応答は、原因を区別することによってなされる。衝動と同意は「私たち次第である」。なぜなら、「同意は、表象によって引きおこされないかぎりは生じることがない」（表象は「外的な刺激」として働きかける）のだが、この表象は、同意の先行的な原因であり、完全な原因ではないからである。クリュシッポスは、この過程を円筒と円錐にたとえている。これらのものは押されなければ運動しないが、押されて動きだしたとき、その後に円筒が転がり円錐が回転するのは、自分自身の自然本性によるのである」。さらに続けて彼が言うには、「同意は、ちょうど円筒の場合のように、外から引きおこされるが、その後に自分自身の力と自然本性に従って動くだろう」[147]。円筒は転がるように決定されており、円錐は回転するように決定されているという、この比較の決定論的な性格は驚くべきものである。したがって、クリュシッポスの議論は二つの方向で機能している。一方では、人間は宿命によってではなく自分自身の自然本性によって行為すると示すことによって、宿命に対する人間の自律性が強調される。他方で、人間は自分自身の自然本性によって行為するように決定されていると示すことによって、別の形式の決定論が強調されている。したがって、クリュシッポスは人間の意志の自由というよりも、人間の責任を保存していると言える。だが、彼自身の基準によれば、強制されていないという意味での自由は積極的な面をもたない。なぜならその反対に、すべてのことの目的は私たち自身を合理性に服従させることだからである。

以上のことから、神は悪について責任がないということになり、むしろ、クリュシッポスが言っているように、以下のことが帰結する。「ピュタゴラス主義者たちも次のように言っている。「人間たちは自ら災いを選んでいるのだと学びなさい」と。このことの意味は、各人が被る損害は自分自身の手によるものであり、彼らが過ちを犯したり損害を被ったりするのは、彼ら自身の衝動、思考、あり方に従っているということである[148]」。また、クリュシッポスによれば、身体的な病気と弱さは、親近化と有用性に伴う「付随的な帰結によって」生じたのだし、悪徳それ自体も、反対のものどうしを結びつける親和性のゆえに徳の存在から結果したのである。これらの結果は、神の摂理が望んだものではなかったが、不可避だったのである[149]。したがって、すべてのことの最終的な目的は人間を神の命令へと連れもどすことなのである。「もしも私が、宿命によっていま私が病気になるように決定されていると知っていたら、そうなることへの衝動をもちさえしただろう[150]」。

第二章　ローマ期のストア派（前一世紀から後三世紀まで）

I　前一世紀におけるストア派の分散

キケロによれば、ムネサルコスとダルダノスの二人が、アカデメイア派ではラリサのピロンとアンティオコスが活動していた時期に、アテナイにおける「ストア学派の指導者たち」だったという[1]。キケロのこの報告のために、前一一〇–一〇九年頃にパナイティオスが死去した後も、この二人の指導下でアテナイにおいてストア派の学校は存続し、前八六年にスッラがアテナイを占領したときも、ストア派の学校は実際にはなくならなかったと、長いあいだ考えられてきた。

だが、エピクロス派のピロデモスの報告によると、ダルダノスとムネサルコスはたんにパナイティオスの弟子だっただけで、後継者ではなかったようである[2]。それに対して、同時期にアパメイアのポセイドニオスはロドスにおいてストア派の学校の指導者になった。キケロ自身も、おそらく前七七年頃に（プルタルコス『対比列伝』「キケロ」四・五）、ポセイドニオスの弟子だった。この学校は、ポセイドニオスの死後、彼の孫であるニュサのイアソンが跡を継ぐ程度に組織化されていた（ポセイドニオス、T四〇）。ポセイドニオスが名声においてその時代のアテナイの「指導者たち」を凌駕していた以上、ストア学派の重心が移動したということは明らかである。おそらく、ポセイドニオスはパナイティオスの正式な後継者で、ロドスの学校はアテナイの学校が自発的に引っ越したものにすぎないのかもしれない[3]。いずれにせよ、事実として言えるのは、アテナイにおけるストア派の教育について、ダルダノスとムネサルコス以降、長いあいだにわたって、情報が途絶えているということである。スッラによるアテナイ占領は、ローマの覇権の到来を告げるとともに、哲学に関する活動の中心が徐々にローマへと移行しながら、同時に帝国全体へと分散していくことをも示している。

地中海世界全体におけるストア派の教育の普及と分散は、以下のように、すでに前二世紀半ばに始まっていた。前一五五年の、三人の哲学者からなる使節団は、ストア派のローマへの導入を示している。また、おそらく前一四六－一四五年以前に、タルソスのアルケデモスがバビュロニアにストア派の学校を設立したことは（SVF三・アルケデモス二）、ストア派が東方に広がったことを示している。さらに、前一四〇年から前一三〇年にかけての、パナイティオスの頻繁なローマ滞在と、彼とスキピオ・アエミリアヌスの友情によって、ローマへのストア派の導入は完了した。ローマにおけるストア派の第一世代、たとえばラエリウスなどは、パナイティオスの教育を受けることができた。第二世代、すなわち、プブリウス・ルティリウス・ルフス（ストア派であり、政治家、雄弁家、歴史学者だった）と、ルキウス・

アエリウス・スティロ（後にウァッロの教師となり、『問答法入門』の著者である）は、前一五四年、つまり、だいたい使節団がやって来たときに生まれた。

しかしながら、前一世紀においてローマのストア哲学を代表したのは、ウティカのカト（前九四―前四六）である。カトは指導的な政治家であり、カエサルが勝利して共和派陣営が壊滅した後にカトが決行したストイックな自殺は、たとえばセネカの著作にみられるように（『倫理書簡集』二四・六―八）、ストア派の知者の模範的な行為とされた。ローマの伝統的な徳とストア派の厳格さがカトにおいて出会ったことは、ローマでのストア派の成功に貢献した。同じ時代に、その他のストア派たちも学問と政治において重要な役割を果たしている。オクタウィアヌス・アウグストゥスの哲学の教師は、「カルウス」（はげ）と呼ばれた、タルソスのアテノドロス（前九五／八五―前一三／三）で、アテノドロス自身はポセイドニオスの弟子だった。また、オクタウィアヌスの相談役はアレイオスという名前で、この人はおそらく哲学者のアレイオス・ディデュモス（ストバイオスによってその著作が部分的に伝えられている）かもしれない[4]。

ローマのストア派の歴史全体において、職業的な哲学者と、職業的な哲学者ではないストア派（政治の道に進んだ上流貴族が多い）が以上のように共存しているということがわかる。いくつかの事例、たとえばセネカの場合では、一人の人物においてこれら二つの側面が合流している。

共和制の終わりと帝国の最初の二世紀のあいだに、ストア派の教育はギリシア・ローマ世界において普及した。ストア派の教師のなかには、上述のアテノドロス・カルウスや、ネロの家庭教師だったカイレモンとセネカのような、家庭教師として活動する者もいた。だが、大半の者は、多かれ少なかれ重要な地位にある生徒の集団（それに臨時の聴講生が加わることもあった）を教えた。たとえば以下の人物が挙げられる。ディオドトス（前五九年にキケロの家で死去）、アッタロス（セネカの教師）、コルヌトゥス（ルカヌスとペルシウスの教師）、ムソニウス・ルフス（エピクテトスの教師）、テュロスのエウプラテス（おそらく一一九／一二一年頃死去）、エピクテトス自身、そして、カルケドンのアポロニオスとカイロネイアのセクストス（マルクス・アウレリウス帝さえも彼らのもとへ通ったと言われる）などである。これらの教師のうちには、自宅で教える者もいた。だが、何らかの仕方で公的に市によって指名され、おそらく公共の建物で教え、市からの給与か、生徒からの報酬か、あるいはその両方で生活できた者もいた。ある碑文は、ハグヌスのティトゥス・コポニウス・マクシムスという名の「ストア派の教師」によって、おそらくトラヤヌス帝の治世中（一世紀末から二世紀初め）に、アテナイでストア派の教育が再開されたことを証言している。また、後一七六年には、マルクス・アウレリウスがアテナイにおいて四つの主要な哲学（プラトン主義、ストア派、エピクロス派、ペリパトス派）について哲学の教授職（一つの学派につき二つの教授職）を創設したようである[5]。

この時代全体において、ストア派の成功は続いた。その影響は社会のあらゆる階層に、もと奴隷のエピクテトスから皇帝のマルクス・アウレリウスにまで行きわたっていた。政治的にもストア派の影響は大きかった。ストア派は、ローマの権力者（セネカとマルクス・アウレリウス）の哲学であると同時に、帝国の独裁的な傾向への反対勢力（寵愛を失った後のセネカ、元老院の命令によって六六年に自殺したトラセア・パエトゥス、パエトゥスの娘婿のヘルウィディウス・プリスクス、そして、エピクテトスの『語録』一・一・二六－二七、二・一九－二四において模範とされたパコニウス・アグリッピヌス）の哲学でもあった。

マルクス・アウレリウスの治世がストア派の絶頂を示し、次の世紀の初めまではストア派はまだ活動している。だが、ポルピュリオスが『プロティノス伝』において伝えるところによると、二六〇年代にはストア派の教育は消滅していたということである。ストア哲学の最後の教師たちについては、ポルピュリオスが伝える名前だけしか知られていない。おそらく、二六七年のヘルール族によるアテナイの略奪が、アテナイにおいてストア派の教育が消滅したことの原因かもしれない。いずれにしろ、ストア派の教育は、事実上、ローマ帝国全体から消えてしまったようである。

実はストア派は、その他の哲学の学派と同じように、公然とキリスト教との競争に入っていた。キリスト教は、ユダヤ教もそうしたように、ストア派の数多くの要素を吸収した。だがそれと同時に、異教の哲学とキリスト教の知恵のあいだで本格的な競争が起こった。三世紀に、神学者のオリゲネスは、プラトン主義のケルソスによるキリスト教への攻撃を論駁するために、一冊丸ごとを費やした。オリゲネスはケルソスの冊子から、効果的な批判を引用している。その箇所でケルソスが描写しているのは、エピクテトスが自分の主人から虐待されたときに示したストイックな態度である（これはおそらく作り話であり、エピクテトスの足が不自由なのは生まれつきで、この話にあるように主人の虐待によるのではなかったらしい）。

「主人はエピクテトスの足を捻じった。エピクテトスは動じることなく、微笑んで言った。「あなたはそれを折るだろう。」そして足が折られると言った。「あなたはそれを折るだろう、と私は言わなかっただろうか？」あなた方の神は、受難において、このようなことを言っただろうか？」（『ケルソス論駁』七・五三）。この文の論争的な意図は明らかであり、キリスト教の知恵とストア派の知恵とを対比させている。つまり、この文は福音書において、イエスが「父よ、もしできることならば、この杯を私から遠ざけてください」と述べたという箇所への当てつけであり、オリゲネスによれば、異教徒たちはこの場面をキリストの意気地のなさをあらわす場面として解釈したのである。オリゲネスは別の箇所でこの非難に対して何度も応答しているが[6]、このようにエピクテトスが異教徒の聖人として演出されていることとは、ストア哲学とキリスト教が知恵として競合していたことを示している。この競合において、この先勝利するのはキリスト教だった。

弁論家のヒメリオスによると、このもう一世紀あと、三五五／三五八年に、ストア派の教説の教育はまだアテナイにおいて一般的な文化の一部をなしていた（『弁論集』四八・一二三）。しかしながら、この時代にはもう誰も初期ストア派の著作を読んでいなかった。テミスティオスの伝えるところでは（『弁論集』四・一三・六〇B）、コンスタンティノポリスの図書館において、クリュシッポス、ゼノン、クレアンテスの著作の写本は、コンスタンティウス二世皇帝がそこに設立した写字生の作業所で書きうつされて散逸を免れたために、まだ存在していた。だが、テミスティオス自身が注意しているように、これらの著作の写本が個人によって製作されることはもはやなく、帝国の作業所によって製作された状態の悪い写本しか残っていなかった。そしてこれらの著作はまもなく散逸してしまい、帝国時代のストア派の著作だけが残存した。五三三／五三八年頃、新プラトン主義のシンプリキオスは、アリストテレスの『カテゴリー論』の注解（三三四頁、一―三）において、「私たちの時代には、ストア派の教育も、その著作の大半もなくなってしまった」と述べている。

II　継続と革新――パナイティオスからセネカまで

ローマ期のストア派において、いくつかの革新と変化があった。どちらかというと伝統的な著作家（たとえばアレイオス・ディデュモス）と、より革新的な著作家（たとえばエピクテトス）が共存しているということが確認される。

このことは、明らかに制度上の理由による。ゼノンによって設立された学校が前一世紀に機能しなくなってから、それまでのように正統的な教義が学校の指導者（学頭）によって保証されることがなくなり、以降、正統的な教義を守る制度がなくなってしまった。たとえ学頭が革新的でありえたとしても

（たとえばクリュシッポスがそうだったように）、学頭はある程度の教義の統一性を保証していたし、正統性の公的な基準だった。この基準は、学校とともに消えてしまった。

この変化はすべての哲学学派に起こったが、哲学教育の展開のある特徴、つまり、注解の実践が重要性を増したということは、おそらくこの変化によって大部分説明される。それ以前には、哲学の教師は、ある問題についての問答法的な議論（ちょうどプラトンの対話篇にみられるような）によって、そしてときには講義によって教えた。だが、テクストの説明はほとんど行われなかった。初めのうちは、哲学者の後継者たちにそうする必要がほとんどなかった。というのも、新しく学頭になった者は前任者の弟子だったからである。しかし、哲学教師の数が増え、しかも完全に自分の考えで教えるようになると、ただテクストだけが権威となりえた。このようなわけで、最も普及した教育方法となったのは注解の実践であり、エピクテトス自身もこの方法を用いている[7]。注解の実践がもたらしたものは一義的ではない。アプリオリには、それは教義についてのある種の保守主義に寄与しうるだろう。だが実践においては、それぞれの著者は彼が注釈しているテクストを自由に再解釈することができ、事実上、各人による革新がより重要なものとなりえる。

教義が大きく発展した最初の時期は、ストア派の学校がまだ制度として存在していたときで、前二世紀半ばから前一世紀半ばである。この時期に活躍したのは、パナイティオス（およそ前一二九年から、前一一〇－一〇九年に死去するまで学頭だった）とその弟子たち（ロドスのヘカトンと、アパメイアのポセイドニオス）

である。この時期はよく「中期ストア派」と呼ばれ、この時期にストア派をプラトン主義に近づけようとする教義上の発展があったと考えられている。この「中期ストア派」という表現は十九世紀の碩学によって初めて用いられたものだが[8]、パナイティオスとポセイドニオスの主導でストア派とプラトン主義の教義が接近させられたという考え自体は、古代まで遡る。エピクロス派のピロデモス（『ストア派哲学者総覧』六一・二―四）は、パナイティオスを「プラトンとアリストテレスの愛好者」だと述べており、キケロもこれを裏づけている（『善と悪の究極について』四・七九）。ガレノスは「パナイティオスのプラトン」というものの存在にすら言及しており、これはおそらくパナイティオスによって編集されたプラトンの著作を意味する[9]。ガレノスによるとポセイドニオスも同様の態度をとっており、ポセイドニオスは「プラトンを賞賛し、「神のごとき」と呼んで、情念と魂の機能についてのプラトンの学説を崇めている」（『ヒッポクラテスとプラトンの学説』四・四二一＝ポセイドニオス、T九七）。ガレノスが言うには、ポセイドニオスのこの態度は、これらの問題について「クリュシッポスとゼノンから離れ、プラトンの教説を褒めたたえてそれらを採用する」（同右、五・四二九＝ポセイドニオス、T九八）までに至った。ストラボンは「アリストテレス化」（『地理誌』二・三・八＝ポセイドニオス、T八五）しているとしてポセイドニオスを非難した。

複数の証言、とりわけキケロの『義務について』[10]における証言は、パナイティオスがさらに、プラトンによる魂の分割を復活させて、魂を理性的な部分と非理性的な部分に分けたということを示しているようにみえる。しかしながら、キケロによって報告されている表現はそれほど明らかではなく、それによると「魂の働きと自然本性は二通りであり、一つの部分は、衝動（ギリシア語で言うホルメー）のうちにあり、人間をあちらへこちらへと動かすが、もう一つの部分は、理性のうちにあり、為すべきことと避けるべきことを教え、説明する」（『義務について』一・一〇一）。もう一つの証言であるテルトゥリアヌスの『魂について』一四（T一二八）においては、ストア派の伝統的な主張により近い仕方で、魂は六つの部分に分割されている。したがって、パナイティオスが魂の理性的な部分と非理性的な部分への実質的な分割を支持したということは明らかでない。もっと独創的なのは、観想にかかわる徳（おそらく思慮と同一視される）と実践にかかわる徳（たぶん、勇気、正義、節制の三つへ分割される）のあいだの区別がされたようだということである[11]。というのも、この区別は、知性的な徳と実践的な徳という、アリストテレスによる区別を引きついでいるようにみえるからである。だが、この区別もまた、より伝統的な仕方で解釈されることが可能だろう。その他の革新をパナイティオスに帰すこともできる。彼は「問答の複雑さ」を評価せず、哲学を自然学から始めた（キケロ『善と悪の究極について』四・七九、ディオゲネス・ラエルティオス『哲学者列伝』七・四一）。また、永遠回帰の教説を否定し、宇宙が永遠に存在するという主張に同調した（T一三一）。

ポセイドニオスについて言うと、彼はプラトンの『ティマイオス』の注解（プラトンのこの著作についての独立した注解書だったかどうかはわからないが）を書いている（T八五）。もしガレノスを信頼するなら、魂の部分についてのポセイドニオスの考えはプラトンの立場に近かったようである。ポセイドニオスは、情念の起源についてのクリュシッポスによる説明は不完全であり、クリュシッポスに反対して、情念はときに「情念に関する部分の運動の結果として生じる[12]」という考えを復活させる必要があると考えたという。しかしながら、生理学を非常に重視する理論体系において、ポセイドニオスがこれらの機能を魂の「部分」として考えることを拒否し、切り離された場所を割りあてず、同一の実体であるとしたことは、注目に値する。おそらくガレノスは、ポセイドニオスにおけるクリュシッポスへの批判と、保留と、微妙な異論にすぎなかったものを誇張して、反対意見としたのだろう[13]。

実際、パナイティオスとポセイドニオスがストア派をプラトン風に、あるいはアリストテレス風にしたという考えは、以下の複数の理由から、誤解を招くものだと言える。まず、タルソスのアンティパトロスの『プラトンによれば、ただ有徳な人だけがよい人である』という題名の著作においてすでに、プラトンの多くの教説がストア派の教説と「調和」するという考えがみられる[14]。また、パナイティオスによる永遠回帰の否定に先だって、タルソスのゼノンとセレウケイアのディオゲネスはこの教説への疑いを表明し、シドンのボエトスは否定していた。さらに、プラトンとアリストテレスを権威として参照することは、すでにクリュシッポスにおいて確認される。『問答法について』という著作において、クリュシッポスは問答法の分野における彼の先行者たちの系譜をたどり、ソクラテス、プラトン、アリストテレス、ポレモン、ストラトンの名前を挙げている（プルタルコス『ストア派の自己矛盾について』

二四・一〇四五F)。ポセイドニオスによるプラトンの『ティマイオス』の注解については、すでにゼノンの自然学以来、この対話篇が明らかに重視されていたことを忘れてはいけない。とはいえ、パナイティオスとポセイドニオスがストア哲学のある種の変化を証言しているのは確かである。

セネカ(前四−後六五)においても、ストア哲学のある変化がみられる。セネカはスペインのコルドバでローマ人の家庭に生まれ、彼の人生はたんなる哲学者の人生ではなかった。まず(彼の同名の父親である、弁論家のセネカと同様に)弁論家と、政治家のキャリアを積み、そしてネロ帝の家庭教師になり(四九−五四)、次いで補佐となった(五四−六二)が、このことはセネカを帝国で最も裕福で最も権力をもつ人物にした。だが、六二年にセネカはネロの寵愛を失い、その後ピソによる陰謀へ加担したとして、ネロの命令によって自殺した。

セネカは哲学的な著作だけでなく、悲劇も書いた。若い頃にストア派のアッタロスとピュタゴラス派のソティオンによる教育を受けた後、セネカが最初の哲学的な著作である『慰め』(一つは母親のヘルウィアに宛てられ、もう一つはクラウディウス帝の解放奴隷のポリュビウスに宛てられた)を書きはじめたのは、彼が追放されたときだった。四九年に、クラウディウス帝の妻であるアグリッピナによって呼びもどされ、ネロの家庭教師とされた。セネカの最初の重要な作品は、『怒りについて』という論考(五二年頃)であり、それに続いて、四八年と五五年のあいだに『人生の短さについて』、六四年以前に『知者の恒心について』、『心の平静について』、『余暇について』、その後に『寛恕について』(五五年十二月十五日から五六年十二月十四日のあいだ)、『幸福な人生について』、『恩恵について』、そして最後に、六二年に隠居してから、ルキリウスへ献呈された『自然問題集』、『ルキリウス宛書簡集(倫理書簡集)』(六四年-六五年)が書かれた。『摂理について』の成立時期は不明だが、四巻四章でティベリウス帝の死去(三七年三月)について言及されているので、それ以降に書かれたはずである。

以上の著作のほとんどが扱っているのは、倫理学と政治学の問題である。セネカはストア派による哲学の三区分を受けいれているが(『倫理書簡集』八九・九)、倫理学を哲学の最も重要な部分だと考えた(八九・一八)。論理学についてはかなり懐疑的であり、問答法よりも弁論術を評価している(八二・五-九、一九-二〇、八九・一七)。しかしながら、自然学を無視したわけではなく、『自然問題集』の主題は自然学である。だが『自然問題集』の序文は、明らかに自然学の役割を限定している。すなわち、人間が自然を理解しようとしなければならないのは、自らを高めて神を知り、神に従うためなのである。

セネカの独創性の一部をなすのは、伝統的なストア派に対して彼がかなり自由にふるまっているということ、すなわち、ストア派のうちに異なる視点、たとえばプラトン主義やアリストテレス主義の視点、さらにはエピクロスのいくつかの格言を取りこむように主張し、また彼の文体自体が、個人的な意見を好み、具体例を重視するということである。たとえば、『倫理書簡集』八九のようなテクストに、セネカの哲学の方法の特徴がよくあらわれている。知恵と哲学の違いを論じながら、この違いについてのストア派内部の見解の相違を述べたあと(四-八)、哲学の区分について、すべての学派の教説を紹介してからストア派の教説を説明し（九―一七）、そして最後に、倫理学がとくに重要であるという自分自身の見解を述べるが、その際の文体は、それまでの段落における概念分析から離れて、きわめて弁論的である（一八―二三）。

セネカにおいてもまた、ストア派の魂論のプラトン的な変化がみられる。『倫理書簡集』九二の冒頭で、魂の指導的な部分のうちに、何か非理性的であるものと、何か理性的であるものとがあると言われる。この箇所については解釈がわかれている。ここで言われているのは魂に二つの部分があるという主張だとする解釈もあるが、別の解釈では、これはより伝統的な主張、すなわち、『怒りについて』二・三・一の、情念は身体から来る魂の偶然的な運動によって生じるが、それらの運動に対して同意を与えることは人間の権能のうちにあるという主張である。実際、セネカ（『倫理書簡集』九二・一）の表現は、独自の主張を述べている感じがしない。初めの「君も同意するだろうが」という言葉からは、セネカの主張は一種の慣習であるようにみえる。また、「何か非理性的であるもの」と「何か理性的であるもの」と述べながらセネカが自分の考えを表現する仕方は、ここで魂の複数の「部分」が問題とされていると いうことを含意しない。なぜなら、逆に、セネカによれば、これらの二つのものは魂の同じ指導的な部分に属しているからである。だが、非理性的なものが理性に従属させられているとセネカが言っていることに変わりはない。

セネカは、彼の最も独創的な三つの概念を、三つの論考において発展させた。すなわち、恒心、寛恕、恩恵である。

恒心は、伝統的なストア派において、徳ではない。キケロはこの用語を「エウパテイア（合理的な感情）」という概念を翻訳するために用いたが、セネカはそれと少し異なる仕方で、恒心を徳の性質だとした。この恒心という概念は歴史的にとても重要なものになる。というのも、ルネサンス期におけるストア派の探究は、この概念を出発点として始められるからである。恒心とは、情念に動かされることなく、外的な「悪」に対する脆弱性をもたないことである。

寛恕は、セネカによれば、君主の徳である[15]。寛恕（ギリシア語でこの概念に対応するものはない）は伝統的なストア派の主題ではなく、むしろ皇帝のプロパガンダの伝統的な主題である。『寛恕について』は、この本が捧げられたネロのために統治の原則を示すものであると同時に、プロパガンダの作品でもある。というのも、ネロが先帝クラウディウスの息子であるブリタンニクスを殺害したという噂は、そのときすでにローマの支配階級を不安にさせていたからである。

恩恵、あるいはそのお返しである感謝や謝礼は、初期ストア派において重要な主題であり、クリュシッポスは一つの論考をこの主題に費やしたが、セネカにおいてこの主題はより中心的なものとなった。セネカにとっては、恩恵は社会的な関係の基盤である（ここで考えられているのは、ローマ社会におけるクリエンテラの関係である）。恩恵を与えることは「義務」とは異なる。というのも、そうするように強いられてはいないからである[*1]（三・一八・一）。恩恵を受けることはその引きかえに債務を生むが（二・

一八・五、二一・二二)、その債務とはまさに援助を返す債務としての感謝であり、この債務が親族関係にない二人の個人を結ぶ絆なのである。

III　ストア派の更新——エピクテトスとマルクス・アウレリウス

ストア派の最も抜本的な更新は、この学派を代表する最後の二人、エピクテトス(五〇／六〇–一三五頃)とマルクス・アウレリウス(一二一–一八〇)によってなされた。

エピクテトスはプリュギア(ローマ帝国内の地域で、現在はトルコに含まれる)のヒエラポリスに生まれた。彼の幼少期については、奴隷として生まれたらしいということ以外、不明である。正確な時期は不明だが、あるときエピクテトスは彼の主人のエパプロディトス(彼自身も解放奴隷である)とともにローマへ行き、主人の許可を得てムソニウス・ルフスの講義に通った。九四年、ドミティアヌス帝がローマから哲学者を追放する法令を布告した。そこでエピクテトスはエペイロス(ギリシアの北西地域)のニコポリ

＊1　グリナ氏の指示に従い、フランス語原文の「恩恵を与えることは義務である」を今回このように修正した。

スに移住した。ニコポリスは、エピクテトス自身が言及しているように（『語録』二・六・二〇）、ギリシアからローマへ向かう旅行者が船に乗りこむ港だった。そのため、船を乗りつぐ旅行者が、よくエピクテトスのもとへ立ちよった（三・九・一四）。

マルクス・アウレリウスは貴族の家系に生まれ、一三八年に叔父のアントニヌスの養子となった。これはハドリアヌス帝の求めによるものであり、この時にハドリアヌス帝自身もアントニヌスを養子とした。それ以来、マルクス・アウレリウスはいずれ皇帝となるように定められた。一四六年に、彼にエピクテトスの本を与えたユニウス・ルスティクスに促され、フロントの指導による弁論術の学習を拒否して哲学に打ちこむようになった。一六一年に、最初はルキウス・ウェルスと共同統治の皇帝となり、一六九年のウェルスの死以降は単独の皇帝となった。マルクス・アウレリウスの統治には、東方のパルティアの平定（一六二－一六六）や、北方のクアディ族、ゲルマン族、サルマティア族の平定が含まれる。彼は「プラトンの理想国家を望まな」かったものの（『自省録』九・二九）、彼の統治はプラトンが期待した哲人王の実現だった。一八〇年、新たな軍事行動のさなかに、マルクス・アウレリウスは病没した。

エピクテトスの著作として、四巻の『語録』（八巻あったとされる）と、五二の短い章（第二九章は挿入されたものである）からなる『提要』が残っている。『語録』も『提要』もエピクテトスによって書かれたものではなく、弟子のアッリアノスが講義を記録したものである。『語録』を紹介する手紙において、アッリアノスは、彼の知らないうちにこの記録が出版されてしまったと述べている。だが、この種の警告は、古代の著作家たちによって自分の文体を弁護するためによく用いられた[16]。したがって、この話は完全な虚構かもしれないし、本当かもしれない。いずれにせよ、『語録』がどの程度までアッリアノスの創作によるのかについて、確かなことは何も言えない。単純な講義録なのかもしれないし、非常に注意深く書かれた作品なのかもしれない。この著作は、古代においてしばしば『メモラビリア(思い出)』の標題で知られていた。これは、クセノポンが師のソクラテスを主題として書いた作品の標題と同じであり、アッリアノスはクセノポンに自分を重ねていた。これに対して、『提要』という作品の性格は、疑いなく、エピクテトスの主要な思想をアッリアノスが要約したものである。

マルクス・アウレリウスの著作としては、十二巻の『自省録』が残っており、その第一巻は、彼が周囲の人たちから、さらに神々から受けとったものの決算表であるが、以降の巻は内省である。『自省録』は、エピクテトスに非常に影響を受けており、この作品もまた公開を意図して書かれたものではなく、むしろ、その著者が訓練に用いるものとして書かれた。したがって、そこには教説の体系的な解説はほとんど見られず、個人的な内省が自由に展開されている。これらの内省は、第二巻と第三巻の冒頭の記述が思いおこさせるように、しばしば軍事行動中に書かれた。ほかの巻、たとえば第八巻は、ローマで書かれたのかもしれない。マルクス・アウレリウスの特徴は、鋭さと箴言に満ちた文体である。すなわち、死について、人生の脆さと儚さについて、そして身体の弱さについての無愛想な洞察、また、食物と性行為についての生々しい描写(四・一三を参照)があるかと思えば、それと交互して、パンの皮に割れ目ができることや果物が腐ることにまで神の業の美しさを見る態度（三・二）があり、要するに、私たちを宇宙における謙虚な位置に連れもどしながら、人間を低めて神を讃えるために、あらゆるものを軽蔑したり昇華したりするという、彼の特異な方法である。

エピクテトスの講義は二つの部分からなっていた。学生はストア派のテクストを読んで注解するか、ある主題（時には仮定的推論のような高度な内容）について発表した（『語録』一・一〇・八、一・二六・一、二・一四・一、三・二三・三七）。そしてエピクテトスが注解ないし発表を引きつぎ、その後、聴講者たちと自由に議論し、彼らからの質問に応答した（一・一三・一、あるいは一・一四）。『語録』において記録されたのは講義の後半部分である。また時おり、エピクテトスのもとへたまたま立ちよるか、あるいは助言を求めにやってきた臨時の聴講者とエピクテトスとの議論も記録されている（一・一一、二・二、二・四、二・一四、三・一、三・四、三・七、三・九）。

エピクテトスはとりわけ倫理的な問題を扱っている。さらに、自然学のいくつかの問題、とくに摂理についても論じている（神学的な観点から、エピクテトスは宿命よりも摂理を強調する）。論理学の重要性を認めながらも（一・七、一・一七を参照）、論理学は最も急を要する学問ではないということを注意している（一・八、二・一三・二一―二七、二・一九、三・二、三・二六・一五―二〇）。三・二・八では、エピクテトスは同意を制御することを学ぶ前に、「その他の領域における訓練を終えた」のでなければならないと明言している。だが、この同意の訓練が意味するのは、倫理学の基本を学ぶために必要な基礎的な論理学の知識ではなく（一・一七・四―八を参照）、エピクテトスによれば完成された哲学者のみにそなわるという、論理学における熟達と洗練である。

エピクテトスの倫理学は、初期ストア派や、彼とほぼ同時代のヒエロクレスの場合とは異なり、「親近化」の理論を基盤とせず[17]、自然学と魂論（心理学）を基盤としている。エピクテトスは、善と悪の区別を、私たち次第のものと私たち次第でないものの区別に基づかせ、そして私たち次第のものを、魂の能動的な機能へと、すなわち同意、衝動、欲求という機能へと還元するが、これら三つの機能において、彼が「プロアイレシス（選択機能）」と呼ぶものが行使される。エピクテトスは、伝統的にストア派倫理学の最も根本的な主張だとされている善と悪についての主張を依然として表明している。「存在するもののうちには、善いものと、悪いものと、無差別のものがある。徳と、徳に与かるものは善いものである。その反対のものは悪いものである。富、健康、名声は無差別のものである」（二・九・一五）。だが、エピクテトスはむしろ「善の本質はある性質の「選択（プロアイレシス）」である」と強調することを好む[18]。「プロアイレシス」が善と悪の本質であるのに対して、「外的なもの」は選択のための「素材」にすぎず（一・二九・二）、したがって善でも悪でもなく、伝統的な枠組みにおける無差別のものである。実際、伝統的なストア派による無差別のものの一覧（エピクテトスは二・九・一五でこれに言及している）は、エピクテトスが選択の外にあると述べているものの一覧に対応している。すなわち、財産、名誉、身体、健康である。このように、唯一の善としての徳と「プロアイレシス」とが置換可能なもの、あるいは同等のものとされていることは重要である。というのも、もし私たち次第のものが「プロアイレシス」が行使される心理的な行為に限定されるならば、エピクテトスはこれらの行為を哲学の活動にかかわる三つの主要な領域（トポス）とすることができるからである。以上のように、魂の能動的な機能は、善、悪、無差別のものの区別を決定するとともに、哲学の三つの主要な活動を構成するのだから、エピクテトスの哲学は自然学と魂論を基盤とするのである。

エピクテトスは、魂の受動的な機能、すなわち、外的な対象からの刻印である表象（パンタシアー）を、能動的な機能である「表象の使用」と対比させた。この表象の使用を構成するのは、三つの「魂の行為、すなわち、衝動をもつこと、反衝動をもつこと、欲求すること、忌避すること、準備すること、計画すること、同意すること」（四・一一・六）である。欲求と忌避（オレクシスとエックリシス）は、『提要』二・一によれば、「欲求するものを手に入れ、忌避するものを避けるように」望む。それらの対象は、善と悪である[19]。衝動と反衝動（ホルメーとアポルメー）は、伝統的には人間の行為を導くものとされており、エピクテトスにおいては行為と義務に関係させられている（二・一七・一五、二・一七・三一、三・二・二―四を参照）。最後に、同意（シュンカタテシス）は、真に対して同意し、偽に対して拒否し、そして不確実なことに対しては判断を保留することである（一・一八・一）。

これら三つの機能の関係は複雑である。ある仕方では、同意はあらゆる種類の表象に関与するようにみえるので、欲求と衝動を制御するためには同意を制御することが必要であるように思われる。『提要』

一・五によれば、苦痛をもたらす表象に対しては、「お前は表象にすぎない」と言えるのでなければならない。同様に、心地よい表象に対しては、抵抗できるのでなければならない[20]。エピクテトス、そして彼に続いてマルクス・アウレリウスも、客観的な表象（「自分の息子が死んだ」「彼が牢獄に入れられた」）と、価値判断（「悪いことが起こった」）とを区別しなければならないと主張する[21]。そのため、初期ストア派と同じように、欲求あるいは衝動は同意を前提としているような印象を受ける。だが、エピクテトスの考えはむしろ、それぞれの種類の表象に異なる反応が対応するということである。すなわち、善悪の表象に対しては欲求あるいは忌避が働くが、真偽の表象に対しては同意が働き、そして行為の表象をもつときには衝動あるいは反衝動が働くのである。『語録』一・一八・一―二において、エピクテトスは「あるものが存在する」という表象と、「あるものが役に立つ」という表象とをはっきりと区別している。つまり、第一の種類の表象は同意を、第二の種類の表象は欲求をもたらし、そして二番目の表象をエピクテトスは判断であるとする。「あるものが役に立つと判断しながら、それと違うものを欲求することは、不可能である」。したがって、あるものが存在するという表象と、それが善いか悪いかという表象へと、表象を分解することが必要である。伝統的なストア派の立場によれば、両方の場合において同意が働くということになる。エピクテトスはむしろ、両方の場合において選択が働き、そして同意は第一の場合に働くと主張するのである。

これらすべての心理的な行為は、プロアイレシスに関する行為、すなわち選択行為である（一・

一七・二一―二四)。それゆえエピクテトスの主張によれば、これら三つの行為は、知者になろうとする人が訓練する（アスケーテーナイ）べき三つの領域（トポス）であるということになる[22]。エピクテトスはこのように、哲学とは知の獲得を目指す訓練であるという伝統的なストア派の立場を継承しているが、だが彼はこの訓練を魂の三つの活動の訓練へと還元する。ピエール・アドによれば、エピクテトスにおいてもマルクス・アウレリウスにおいても、これらの三つの領域はストア哲学の伝統的な三つの部分に対応しており、すなわち同意の分野は論理学に、衝動の分野は倫理学に、欲求の分野は自然学に対応する[23]。このような同定は、論理学、あるいはむしろ、問答法については自明である。エピクテトスが論理学について一般的に論じるとき、問答に関する徳を意味する伝統的な用語を使っている。衝動の分野と倫理学を同一視するのもあまり問題がない。しかしながら、欲求の分野と自然学を同一視するのは問題である。エピクテトスはたった一度だけ、この訓練は自分の欲求と忌避を「自然に調和」させることに存すると述べている(一・二一・一―二)。この同一視は、マルクス・アウレリウスにおいてはより明確になり、自然へ服従することが欲求の分野の目標であるということがもっとはっきり言われる(四・三三、八・七)。同様に、マルクス・アウレリウスはしばしばこれら三つの分野に徳を対応させており、真実は同意の分野に、節制は欲求の分野に、そして正義は行為の分野に対応する[24]。しかしながら、マルクス・アウレリウスは「プロアイレシス」の概念を完全に放棄した[25]。

これらの「選択行為（プロアイレティカ・エルガ）」(一・二二・一〇)は私たち次第のものであると主張す

ることによって、エピクテトスは初期ストア派に対して三つの主要な変化を加えた。

第一の変化は、エピクテトスがプロアイレシスに与えた新しい役割である。この概念は伝統的なストア派において重視されず、通常は行為に関する衝動の一形式としてしか扱われない[26]。これに引きかえ、アリストテレスにおいてこの概念はとても大きな役割を与えられており、徳の定義において言及されている。アリストテレスにおいて「選択（プロアイレシス）」とは「私たち次第のものについての熟慮を経た欲求[27]」である（「私たち次第のもの」とは、つまり私たちが実際にそれに対して力をもっているもののことである）。エピクテトスは、選択と私たち次第のものとの関係を逆転させる。彼によれば、私たち次第であるたった一つのものこそが、私たち自身の選択なのである。その結果、プロアイレシスは私自身と同一のものとされ、そして外的な対象と対比されることになる。プロアイレシスは、唯一の強制的でないものであり[28]、ゼウス自身ですらそれを強制することはできない（一・一・二三）。

第二の変化は、エピクテトスによって確立された、私たち次第のものと私たち次第でないものとの対比である。初期ストア派においてすでに、同意は私たちの権能のうちにあるものであると主張されていたが、エピクテトスは魂のその他の行為もそれに加えた。そしてこの対比は、初期ストア派の場合は、宿命の理論の文脈において決定論と人間の責任とを両立させるために言及される。だがエピクテトスの場合は、彼が宿命について一度も語っていない以上、このことがこの対比の役割ではない。そうではなくて、善悪をその他のものから区別することがその役割である。善あるいは悪であるものは、私たち次第のものと、その用い方であり、その他のあらゆるものは無差別のものである。しかしながら、この対比がエピクテトスにおいて強調されていることは、エピクテトスが彼以前のストア派よりも人間の自律性を主張したという（部分的には間違った）印象を与える。

三つ目の重要な帰結は、エピクテトスにおいては「優先されるもの」についてもはや論じられていないということである。魂の行為に属さないものはすべて、善と悪の範疇にはなく、私たち次第でないものへと分類されてしまう。エピクテトスはこのようにして、ストア派の厳格さを和らげていた優先されるものを放棄したようにみえる。物質的な豊かさも身体の健康も、優先性のない無差別のものにされてしまい、さらにこれらに「両親、兄弟、子ども、祖国、私たちとともに生きる人たち」までも加えられる（一・二二・一〇）。

しかしながら、この厳格さは見せかけのものにすぎない。というのも、欲求の分野と衝動の分野は密接につながっており、他者に対する愛に新しい場所を与えているからである。ただ欲求と忌避を制御できるときだけ、人は衝動と反衝動を正しく制御できるのであり、そして他人に対して適切にふるまうことができるのである。欲求は私たちの判断を曇らせ、義務を忘れさせる。欲求から身を引き離すことだけが完全に公平な仕方で行為することを可能にするのであり、その目標は「彫像のように」自分を無感覚にすることではなく、「生まれつきの、あるいは獲得された人間関係を、敬虔な人間として、息子として、兄弟として、父親として、市民として大切にする」ことである（三・二・四）。ある父親がエピクテトスのもとへ来て、子どもたちへの自分の愛情が強すぎるので、ある日娘が病気になったとき、あまりにも激しい心痛によって、娘のそばにとどまる代わりに回復するまで娘を避けるように強いられた、と事情を話した。するとエピクテトスは、その父親のふるまいはよくなかったということ、そしてその愛情は逸脱しているということを示した（一・一一）。他者の所有が無差別のものに分類されるからといって、他者への関心を失ってよいということにはならない。人間関係は、生まれつきのもの（両親、兄弟、姉妹）であろうと、人生において獲得されたもの（私たちが形成した家族、友人、同胞市民）であろうと、私たちが他者に対してもつ義務を決定する[29]。したがって、外的なものに対する欲求と忌避が放棄されても、感受性と行動が失われるわけではない。欲求と忌避の放棄は、理性的な感受性をもち、義務を実行するための条件である。なぜなら、たとえあらゆる外的なものが善悪について完全に無差別であり、それらを欲求するべきでないとしても、ほかの人間との私たちの関係は、たとえ彼らが私たち次第のものでないとしても、そうすることが彼らのために適切である行為を決定するのだからである。

第三章　ストア派のその後と現在

I　ストア派の遺産

ストア派の教育は三世紀に消滅した。だが、この消滅より前に一般的な文化に流入したストア派のものの見方というかたちで、ストア派の遺産のかなりの部分が保存された。

まず、もともと哲学の一部分であった分野が哲学から離れて自律性をもち、その分野を介して保存されたものがある。文法と論理学の場合がそうである。文法は、分野として、ストア派の遺産をかなり受けついだ。たとえば、固有名詞と普通名詞のような区別は、ストア派の名前と呼び名の区別から来ている[1]。ギリシアの文法学者として最も有名なアポロニオス・デュスコロス（後二世紀）は、ストア派から多くの着想を得たと認めている（『接続詞』二一四・二）（ただし、ストア派の考えと異なることも多い）。論理学においても同様に、ストア派の推論の形式、とくにクリュシッポスの「証明不可能な推論」は古代の論理学に組みこまれ、ペリパトス派とストア派の論理学とを統合しようとする折衷主義的な論理学において「仮定」推論あるいは「条件」推論と呼ばれた。

同様に、いくつかのストア派のものの見方、あるいは、少なくともストア派に近いいくつかの教説が、医学の伝統においても保存された。ストア派の自然学は医学と議論を共有している。すなわち、それは原因についての理論であり、「魂の主導的な部分[2]、魂において生じる現象、種子、その他の類すること」（ディオゲネス・ラエルティオス『哲学者列伝』七・一三二）である。ストア派哲学者たちの議論を参照することが、医学の考察の本質的な部分となった。例を挙げれば、胎児は「腹の一部」であるというストア派の主張は、数多くの古代の医学者たちとローマの法学者たちに顕著な影響を与えた[3]。デカルトによる「動物精気」の定義（『情念論』一〇）さえも、まだストア派の痕跡をいくらかとどめている。

ストア派の神学も部分的にユダヤ・キリスト教に吸収された。ストア派における神と能動原理としての「ロゴス」は、旧約・新約聖書の「ことば」――同様にロゴスと訳された――とすぐに同化された。ストア派における「プネウマ（気息）」は、その物質的な性質を失い、「聖霊」へと同化された。ストア派が実践したギリシアの神学の寓意的な解釈もまた、アレクサンドリアのユダヤ人たちと、キリスト教徒たちによって、字義通りではない聖書の解釈のために採りいれられた[4]。最後に、ストア派の生活規則は、しばしばキリスト教の修道院において採用された。たとえば、エピクテトスの『提要』からキリスト教に導入された規則が数多くあった。

ストア派が広まったほかの形式として、文学作品への浸透もある。最も古い例はアラトスの『星辰譜』である[5]。ラテン語で詩を書いたホラティウス（前六五―前五）も、ストア哲学の信奉者ではなかったが、ストア派の教えを伝えた（批判するために言及することもあるが、支持しているように見えるときもある）。明らかにストア派だった詩人たちもおり、たとえばコルヌトゥスの弟子だったペルシウス（三四―六二）とルカヌス（三九―六五）が挙げられる。また、セネカは悲劇を書いた。最後に、地理学者のストラボンは自分をストア派だと考えていた。

II　ユストゥス・リプシウス以降の学者たちにおけるストア派

ルネサンスを特徴づけるギリシアの文芸と哲学の再発見は、もちろんストア哲学にも及んだ。すでに一五三二年には、カルヴァンがセネカの『寛恕について』（エラスムスによって一五二九年に校訂された）について注釈している。ストア哲学の再発見をあらわす事例として、とりわけ一五八四年にユストゥス・リプシウスによってアントウェルペンで出版された『恒心について』と、一五八五年にギヨーム・デュ・ヴェールによってパリで出版された『ストア派の道徳哲学』が挙げられるが、これらはストア派の論理をキリスト教へ適合させることを試みている。リプシウスはその後さらに、一六〇四年に出版された『ストア哲学の概要』と『ストア派の自然学』において、ストア派の体系全体（ただし論理学を除く）

を解説することに取りくんだ。もちろん、リプシウスの仕事には限界があったと言えるだろう。リプシウスは、その後二世紀にわたって更新されないことになるだろう資料の「コルプス」を固定してしまった[*1]し、とくに問題なのは、彼のストア派がときにプラトン化、あるいはキリスト教化されていることである。たとえば、彼はストア派に、悪の起源は素材にあるという新プラトン主義の主張を帰している[6]。しかしながら、ストア派が再発見されたのはリプシウスのおかげである。

十九世紀になってやっと、最初の断片集が編纂され、ストア派についての研究が進展した。すなわち、ベイクとバゲによるものであり、ベイクは一八一〇年にライデンでポセイドニオスの断片集を、バゲは一八二二年にルーヴェンでクリュシッポスの断片集を出版した。断片集の出版が最も集中した時期は十九世紀の最後の二十五年間であり、ヴァクスムートによるゼノンとクレアンテスの断片集（ゲッティンゲン、一八七四）と、そしてさらに四つの断片集が出版された。ファウラーによるパナイティオスとヘカトンの断片集（一八八五）、アルフレッド・ゲルケによる『クリュシッペア（Chrysippea）』（一八八六）と、A・C・ピアソンによる『ゼノン・クレアンテス断片集』（一八九一）、そして最後に、ハンス・フォン・

*1　「コルプス corpus」はラテン語で「集成」と「死体」の意味がある。上述の『ストア哲学の概要』と『ストア派の自然学』は、初期近代においてストア派の標準的な資料集として参照された。

アルニムによる記念碑的な作品、『初期ストア派断片集』（一九〇三―一九〇五）である。

アルニムの断片集は欠かすことのできない参照資料となり、その後、新しい断片集は、一九八七年、K・ヒュルザーによるストア派の論理学の断片集（『ストア派問答法の断片（*Fragmente zur Dialektik der Stoiker*）』）まで出版されなかった。だが、一九五〇年代の初め以降、ストア派についての研究が解釈の点で革新された。ウカシェヴィチによる重要な論文[7]に触発されて、一九五三年、B・メイツは『ストア派の論理学』を出版し、ストア派の論理学についての研究を一新した。その後、A・ロングとD・セドレーによって出版された、ヘレニズム哲学の断片の注釈つき選集である『ヘレニズムの哲学者たち』（一九八七）という名著のおかげで、ストア派についての研究がより普及した。

III　ルネサンスから十八世紀までの「新ストア派」

ルネサンスにおいて、ストア派の再興は学者たちの著作から切り離しがたかったが、同様に反ストア派とも切り離しがたかった。後に「新ストア派」と呼ばれるようになるのは、古代のストア派を再発見した学者たちのことである。新ストア派は、一般的に言って古代ストア派とキリスト教を融和させようとするが、人間の自律性を強調するというその主要な特徴は、ストア哲学における決定論の重要性からすると驚くべきことかもしれない。だがこのことは、恒心と魂の平静という主題が重視されたことから部分的に説明される。この点では、ストア派の復興運動は、エラスムスとカルヴァンによって始められた文献学的な復興よりも一世紀はやい。というのも、すでにこの運動を、アルベルティの『魂の平静について』(一四四一)に見いだすことができるからである。宗教戦争という困難は、この主題をますます重要なものとした。それ以来、ストア派は、困難な時期を耐えることを可能にする道徳として――困難な時期において、知者は情念と恐怖から自分を解放するべきである――理解されるようになった。ストア派が人間を困難から解放する方法は、人間を宿命から解放する能力と同化され、その結果、ストア派が恣意的な自由の哲学であるようにみえるまでになった。したがって、カルヴァンがストア派の教説を予定説に反すると感じ、ストア派に対してどちらかというと敵対的だったことについて、何の不思議もない。新ストア派はたんなる恒心の道徳ではない。というのも、それは決定論と自由についての考察から不可分であり、それゆえ学問体系全体の「再建」を、たとえいくつかの修正が必要だったとしても、可能にするからである。だがまさにこの修正のために、「新」ストア派として扱われるのである。

十七世紀と十八世紀において、もはやストア派の普及は専門的な学者たちによってのみなされたのではなく、その普及はしばしばストア派の複雑さを損ないながら行われた。十七世紀フランスの二大哲学者であるデカルトとパスカルは、ストア哲学の信奉者ではなかったが、二人ともストア派倫理学の影響を受けている。デカルトの『方法叙説』における「暫定的道徳」の第三格率、すなわち、「つねに、運命に勝つよりも自分に勝つように努めること、そして、世界の秩序を変えるよりも自分の欲求を変えるように努めること」という格率は、明らかにストア派から来ている。しかしながら、大半のキリスト教徒と同じように、デカルトもまた、忍耐についてのストア派の教えは行きすぎだと考えるようになり、一六四五年五月十八日、エリザベート王女に宛てて、自分は「知者が無感覚であるべきだと主張するような、あの冷酷な哲学者たちとはまったく違います」と書いている。パスカルによるエピクテトスの解釈はどうかと言うと、一六五五年にパスカルとサシの会話をフォンテーヌが文章にした『エピクテトスとモンテーニュに関するパスカルとサシの対話』から知ることができる。「パスカルによれば、エピクテトスは、人間の義務についてよりよくわかっていた哲学者たちの一人です」、なぜなら、エピクテトスは「神の意志を理解し、それに従うこと」を勧めているからである。だが、パスカルにとって、エピクテトスは「高慢」でもあった。というのも、エピクテトスの主張は、この服従によって人間は神に等しくなれるということであり、また、苦痛と死は悪ではないと考え、さらに、自殺を認めているからである。したがって『パスカルとサシの対話』は、ストア派に対するキリスト教哲学者の微妙な立場をかなりよくまとめている。

ストア派により忠実だったのは非キリスト教の思想家たちである。たとえば、十七世紀末、シャフツベリは、エピクテトスから着想を得た精神の訓練に執筆を通じて打ちこみ、エピクテトスの教えに忠実であると彼が考えた汎神論のために、キリスト教を拒絶した。最後に、スピノザの『エティカ』の「神あるいは自然」(*Deus sive natura*)という表現は、いくつかのストア派の表現を文字通りに引きついでいるようにみえる。すでにユストゥス・リプシウスは「自然あるいは神」(*natura sive Deus*)という表現を用いており、順番は逆であるが、ストア派からの影響は明らかである[8]。

Ⅳ　ストア派の現在

では現在において、ストア派の何が残っているだろうか？　哲学の学派としては、ストア派は過去に属する哲学である。ストア派は、学派としては消滅したために、かえってそれを取りまく歴史的な文脈から解放されて、その本質だけを残した。

ストア派の体系はとても包括的で整合的だった。自然学、論理学、倫理学が含まれていて、それらを切り離すことは難しい。ストア派の論理学は高度に洗練されており、今日でもストア派の論理学を受けいれることに困難はない。だが、そうすることはストア派であるためにおそらく必須ではない。アリストンは論理学を拒否したし、セネカはストア学派が論理的形式主義へ熱中していることをからかった。それに、ストア派の論理学は、ゼノンに遡る認識論を除いては、本質的にクリュシッポスによる仕事である。自然学については、神的な「プネウマ(気息)」を始めとして、明らかにストア派の教説の大半は現代においてほとんど説得力を失った。だが、ストア派の自然学を信じることもまた、ストア派になるために必要ではない。マルクス・アウレリウス（四・三・五）は、ストア派の生活規則を採用するにあたって、摂理を信じるか原子を信じるかはあまり重要でないと述べている。「もし神が導いているなら、すべてはうまくいっているのだ。もしでたらめな仕方でだとしたら、君までもがでたらめな仕方で生きないようにしろ」（九・二八）。おそらく、何ひとつとして決定論と宿命を逃れないという信念はストア派の本質をなすだろうが、しかしながら、私たち次第のものと私たち次第でないものとの区別を強調することによって、エピクテトスは、人間の内的な自律性を強化するようにみえる一つの変種をストア派に導入したのである。

したがって、ストア派の本質から最も切り離しがたいのは、その倫理的な帰結である。倫理学において、人生の目的は自然に調和して生きることであるというのがストア派の主張である。彼らは人間が個人であるということをまったく評価せず、むしろ、個人であることを宇宙全体の観点に従わせることを支持している。このことがストア派になるための必要条件であることは間違いない。すなわち、人生における困難を耐えるために、私たち個人は宇宙全体にくらべればたいして重要ではないという信念、そして、世間一般的な意味での善は、私たちに帰属していない以上、脆く、善悪無差別のものであるという信念をもつことである。ストア哲学の信奉者は、私たちの思考と行為の様式が唯一の善だと信じている。その他のものは、それらが私の力のうちにないかぎりにおいて、無差別のものである。少なくとも、以上の主張は、理論的な主張と同様に、人間の魂をいかなる状況においても平安にするということを主要な目的としている。すなわち、幸福であるためには健康でなければならないと私が考えている場合、病気になれば私は不幸になってしまうだろう。これに対して、重要なのは私の思考と行為の様式だと考えている場合、どのような状況にあろうと絶対に私は幸福であるというわけではないが、少なくともある種の満足、つまり、私が自分自身と整合しているという慰めを感じるだろう。もちろんストア派は、無差別のもののうち、たとえば健康のように、あるものは優先されるものであり、病気でいるよりも健康でいるほうがよいと認めていた。しかしながら、彼らの哲学は、ほかのあらゆる哲学と同様に、病気や死を逃れる方法を与えられない以上、私たちにそれらを耐える方法を与えようとするのである。

ジェイムズ・ストックデイルの例は、このような考え方が現代においてどのような重要性をもつのかをよく示しているだろう[9]。ストックデイルはアメリカ合衆国海軍のパイロットだったが、ベトナム戦争の少し前、参謀になるために大学の修士課程に入学した。哲学の教授にエピクテトスを読むよう勧められ、軍事を用いた比喩と勇敢な道徳に魅了された。エピクテトスから学んだことの本質を、ストックデイルは次のように要約している。私たち次第であるものと私たち次第でないものとのあいだの区別、善と悪は私たちの内的な性状のうちにあるという考え、そして、私たちの社会的な立場は善でも悪でもないという考え。ストックデイルは北ベトナム軍の捕虜となり、解放されるまでの約七年間、大半の時間は独房に送られ、頻繁に拷問され、殴られ、毎日のように侮辱された。彼によれば、心理的負荷と身体的苦痛に耐えることができたのは、エピクテトスの格率のおかげであるという。そして逆に、この実体験のおかげで「エピクテトスの教えを人間のふるまいの実験室において試験すること」ができたとストックデイルは考えている。すべてを奪われ、制御できるのはもはや自分の思考だけだったがゆえに、ストックデイルは、なぜエピクテトスが自分の思考と意志だけが私たち次第であると述べたのかを理解できたのである。さらに、情念の制御が何を意味するのかということ、また情念は自由な意志に属するものだということも彼は理解した。

ストックデイルの物語から着想を得たのが、トム・ウルフの小説『成りあがり者』（一九九八）に登場する不動産王で、彼は健康も、財産も、妻も失ってからストア派に心の平安を見いだすことになる。小説の結末はかなり皮肉が効いていて、この破産した不動産王が「ストア派の時間」という番組の司会となってストア派を宣教する、というものである。だが、『成りあがり者』はアメリカ合衆国においてストア派に一定の人気をもたらした。

また、一九六〇年代に、「認知療法」という新しい形式の心理療法が登場した。この理論の提唱者たちの何人かは、ブッダから、さらにはエピクテトスからの影響を公言している。認知療法の基礎は、私たちの感情が私たちの判断から生じているということの自覚であり、これは典型的なストア派の理論である。実際、認知主義者たちは、ちょうどストア派がプラトン主義者たちの主張する魂の非理性的な部分を否定したのと同じように、フロイト主義者たちの言う無意識を否定する。認知療法は哲学ではなく、おそらくそのストア派的な要素はかなり曖昧であるか、少なくとも部分的でしかないだろう。しかしながら、認知療法は、ストックデイルのストア派と同じように、ストア派のいくつかの側面が現代においてもまだ重要性を失っていないということをよく証言している。もし、ストア派とは「希望のない忍耐[10]」であるというライプニッツの言葉が正しいとすれば[*1]、ストア派はまだ生きている哲学なのである[11]。

*1　ライプニッツのこの言葉について、グリナ氏から以下のような解説を頂いた。「ライプニッツがここで意味しているのは、キリスト教の場合と異なり、ストア派においては永遠の生への希望がないということ、そして人間は死後の賞罰への希望をもつことなく忍耐強く苦難に耐えなければならないということである」。

訳者あとがき

本書は、Jean-Baptiste Gourinat, *Le stoïcisme*（Paris : Presses Universitaires de France, 2007）第五版（Paris : Presses Universitaires de France/Humensis, 2017）の全訳である。なお、文中におけるギリシア語とラテン語の著作からの引用は、グリナ氏の仏訳と原典の両方を参照して訳した。

著者のジャン＝バティスト・グリナ氏は、フランス国立科学研究センター（CNRS）の研究部長で、古代思想研究所（レオン・ロバンセンター）の所長である。とくにストア派について多くの論文と書籍を発表しているが、ソクラテス、プラトン、アリストテレス、ルヴフ＝ワルシャワ学派など、古代哲学に関係する広範な主題を論じている。古代哲学の国際的な研究者として第一線で活躍するとともに、一般向け雑誌の記事、辞書、ポッドキャストなどの仕事を通じてストア派の普及にも貢献している。文庫クセジュの一冊としてストア派の入門書を執筆するには、現在において最適の人物だと言えるだろう。

「人生における困難を耐えるために、私たち個人は宇宙全体にくらべればたいして重要ではないという信念、そして、世間一般的な意味での善は、私たちに帰属していない以上、脆く、善悪無差別のものであるという信念をもつこと」（一三二頁）というストア派の教えは、本書の第三章で説明されているように、現代の認知療法や大衆文化に重要な影響を与えており、ストア派への関心がいま再び高まっている。それに応じて、国内外でストア派の入門書が数多く出版されるようになったが、そのほとんどは抽象的な議論を避け、ストア派倫理学のとくに実践的な教えとストア派哲学者たちの逸話と名言に偏りがちである。専門的な学者ではない、忙しい一般読者に向けてストア派を紹介するときに、こうした偏りはある程度仕方のないこと、あるいはむしろ望ましいことかもしれない。しかしながら、ローマ皇帝のマルクス・アウレリウスや元奴隷のエピクテトスなどの有名なストア派哲学者の印象的な言葉の裏には、それを支える体系的な理論が存在する。古代において、ストア派が論理学・自然学・倫理学を包括的かつ整合的に論じたために有名だったということからも、論理学と自然学を含めた理論体系の分析が、ストア哲学の独創性をより深く理解するためには欠かせない。

ストア哲学の体系を十全にかつわかりやすく解説するという点で、本書は極めて成功しており、これ以上わかりやすく書こうとすればかえってわかりにくくなってしまうだろうというほど簡潔で要を得た解説である（もしわかりにくい点があったとすれば、それは訳者の責任である）。ストア派について論じる際に、ストア派はけっして一枚岩ではなくその内部で哲学者ごとの意見の違いが多かったこと、また現存する資料が断片的でありその思想内容の復元に限界があることが問題になるが、グリナ氏は非常に手際よくストア派哲学者のあいだの違いを整理し、解釈上の困難についての研究者の論争にも必要十分に言及している。このような本書の明晰さは、もちろん部分的には二十世紀後半以降急速に進んだヘレニズム期の哲学の研究の成果によるものだが（現代において、ストア派などのヘレニズム期の哲学をプラトンとアリストテレスに代表される古典期の哲学に比べて劣ったものとするかつての偏見は、少なくとも研究者のあいだではほぼ完全に消滅している）、グリナ氏のその他の著作にも見られる豊かな学識、論理的な鋭さ、そして読者への配慮によるものだろう。

本書の特色の一つは、以上のようなストア哲学の体系の明晰な解説だが、もう一つは、一般に言われる「哲学史」（すなわち、特定の哲学者の生涯と思想）よりも広い意味での哲学の歴史についての考察である。具体的に言えば、第二章において、ローマ期における哲学の普及と教育（教育方法、教育制度）について、またキリスト教とストア派の激しい競合について知ることができる。第三章では、ストア哲学の後世における受容についてさまざまな事実が述べられる。順番に挙げれば、ストア派が古代社会に残した遺産（論理学と言語学の発展に寄与したこと、中絶の権利の根拠となったこと、キリスト教へ部分的に輸入されたこと、文学作品に影響を与えたことなど）、ストア派のテクストに関するルネサンスから現代までの編纂と研究の歴史、カルヴァンやパスカル、スピノザなどの重要な思想家たちのストア派に対する反応、さらに、現代社会におけるストア派の影響（有名人、小説、認知療法）などである。個別の思想家を超えた、より広い文脈における思想の発展が最近の哲学史研究ではとくに注目されるようになり、本書もこのような研究の動向を反映している。広い意味での哲学史に興味がある読者に本書のこの後半部分を読んでもらいたいのはもちろんだが、どちらかというと哲学の体系自体に興味がある読者にも、抽象的で論理的な思想が、いつ誰によってどのように拡散され、変えられ、社会にどんな影響を与えたのかを知ってもらい、そしてストア派が古代の思想の標本の一つであるだけでなく、長い時間にわたって展開されてきた思想運動でもある——グリナ氏の言葉を借りれば、「ストア派はまだ生きている哲学なのである」（一三五頁）——ということを感じてもらいたい。

最後になったが、ここで本書の翻訳のためにとくにお世話になった方々にお礼を述べたい。グリナ氏は、私の質問にメールでとても丁寧に回答してくださり、また日本語版への序の執筆も提案してくださった。ご協力に心から感謝したい。資料の収集と草稿の校閲については、北海道大学准教授の近藤智彦先生と北海道大学博士課程の安田将さんにお力を借して頂いた。白水社編集部の小川弓枝さんには、本書の翻訳の機会を頂くとともに、原文と照らし合わせて丹念に原稿を読んで頂き、おかげで多くの誤りを修正することができた。夫のフェルナンド・アルテアガ　アルテアガには、いつも見守ってくれてありがとうと言いたい。

二〇一九年九月二十一日

川本　愛

前90	ルキウス・アエリウス・スティロ死去	
前87	(アテナイにおける哲学活動の休止)	
前50	アパメイアのポセイドニオス死去(あるいは、45/43?)	スッラによるアテナイ占領
前46	ウティカのカトの自殺	
前43		キケロの暗殺
前31		アクティウムの海戦
前1頃	ルキウス・アンナエウス・セネカ(セネカ)誕生	
後10/20	ルキウス・アンナエウス・コルヌトゥス誕生	
(?)	ムソニウス・ルフス誕生	
1世紀半ば	カイレモン、後にセネカ(49年)がネロの家庭教師となる	
50/60	エピクテトス、ヒエラポリスで誕生	
54-62	セネカ、ネロの補佐となる	
65	セネカの自殺 ムソニウス・ルフスの追放	
66	トラセア・パエトゥスの自殺 ヘルウィディウス・プリスクスの追放	
69か80	エピクテトス、ムソニウスの弟子になる	
80/90	コルヌトゥス死去	
85	ルキウス・フラウィウス・アッリアヌス(ニコメデイアのアッリアノス)誕生	

94	エピクテトス、ニコポリスへ移住	哲学者のローマからの追放令
105-110頃	アッリアノス、エピクテトスの弟子となる	
121	マルクス・アウレリウス誕生	
130頃	ヒエロクレス盛年	
135頃	エピクテトス死去	
160/170	アッリアノス死去	
161		マルクス・アウレリウス帝の治世開始
176	アテナイにおける、哲学の帝国教授職の創設	
180	マルクス・アウレリウス死去	
260より前	アテナイオスとムソニウス、教師として活動する(ポルピュリオス『プロティノス伝』20)	
267	おそらくストア派の教育が消滅する	ヘルール族によるアテナイの略奪
356-357	コンスタンティノポリスの図書館において、ゼノン、クレアンテス、クリュシッポスの著作の最後の写本が保存される	
410		アラリック1世によるローマの略奪

533/538頃 シンプリキオス(『「カテゴリー論」注解』334、1-3)が、ストア派の大半の著作が消滅し、ストア派の教育が完全に消滅したと述べる

原注

序

〔1〕 本書102–103頁を参照.

〔2〕 タキトゥス『年代記』15.63–64.

〔3〕 本書95頁を参照.

〔4〕 エピクテトス『語録』3.2.4（本書122頁を参照）.

第一章　ヘレニズム期のストア派

〔1〕 アカデメイア派とは, プラトンによって設立された学派である.

〔2〕 ディオゲネス・ラエルティオス『哲学者列伝』1.15, 105, 2.114, 120, 7.2–4, 16, 25.

〔3〕 アリストテレスからの影響は, 概して否定的である. ゼノンとその後継者たちはアリストテレスの主張に反対していた.

〔4〕 アルケシラオスについては, エウセビオス『福音の備え』14.6.7–14をとくに参照. ピロンについては, ディオゲネス・ラエルティオス『哲学者列伝』7.16を, アレクシノスについては, ディオゲネス・ラエルティオス『哲学者列伝』109–110と, セクストス・エンペイリコス『学者たちへの論駁』9.108を, テオプラストスについては, アレクサンドリアのピロン『世界の永遠性について』23–24（ただし, 不確かな証言）を参照.

〔5〕「キュニコス」は, 「犬のような」という意味である. ディオゲネスは自らを犬に比べていた.

〔6〕 キケロ『アカデミカ後書』1.39–42, ディオゲネス・ラエルティオス『哲学者列伝』7.157, ストバイオス『精華集』1.12.3（LS30A）を参照.

〔7〕 ディオゲネス・ラエルティオス『哲学者列伝』7.39, キケロ『善と悪の究極について』4.4.

〔8〕 本書第二章98–99頁を参照.

〔9〕 エウセビオス『福音の備え』15.20.2（SVF1.128）.

〔10〕 ストバイオス『精華集』1.17.3. 153頁.13–15（SVF1.497）.

〔11〕 プルタルコス『ストア派の自己矛盾について』7.1034D–E（LS61C）.

〔12〕『星辰譜』は, 天文学・気象学の現象を神々の示すしるしとして解

釈しながら説明する長大な教訓詩である．

[13] アレクサンドリアのクレメンス『ストロマテイス（綴織）』7.1.9.26（SVF1.488）．本書38–40を参照．

[14] アリストンについては，ディオゲネス・ラエルティオス『哲学者列伝』7.160–164を参照．また,研究書としては以下を参照．A. M. Ioppolo, *Aristone di Chio e lo Stoicismo antico*, Naples, 1980.

[15] ディオゲネス・ラエルティオス『哲学者列伝』7.161．プルタルコス『倫理的徳について』2.440E–441A（LS61B）．ただ一つの徳が存在するという主張は，アリストテレスから来ている（『自然学』7.246b3–4と『ニコマコス倫理学』1.12.1101b12）．

[16] ディオゲネス・ラエルティオス『哲学者列伝』7.88，ストバイオス『精華集』2.7.76頁.9–15（LS58K）．

[17] 偽プルタルコス（アエティオス？）『哲学者たちの自然学説誌』1.序2（LS26A）．

[18] セネカ『倫理書簡集』89.4–5，PHerc. 1020. col.1．

[19] ガレノス『ヒッポクラテスとプラトンの学説』5.3.1（LS53V）．

[20] Pierre Hadotは，「アスケーシス」を「exercices spirituels（スピリチュアル・エクササイズ）」と訳した．以下の図書を参照．*Exercices spirituels et philosophie antique*, Paris, 1981 ; *Qu'est–ce que la philosophie antique ?*, Paris, 1995.

[21] 偽プルタルコス『哲学者たちの自然学説誌』1.序2（LS26A）．以下も参照．セネカ『倫理書簡集』89.4，89.14–17．キケロ『善と悪の究極について』3.72–73．

[22] ディオゲネス・ラエルティオス『哲学者列伝』7.40．セクストス（『学者たちへの論駁』7.19）によると，動物の比喩はポセイドニオスによるものである（F88）．

[23] オリュンピオドロス『プラトン「ゴルギアス」注解』12.1（LS42A）．「把握」については，本書32–33頁を参照．

[24] 本書63–64頁を参照．

[25] アウルス・ゲッリウス『アッティカの夜』6.14.10．

[26] キケロ『アカデミカ後書』1.41（LS40B）．

[27] パンタシアーという語を十全に翻訳することは不可能だが，本書では「représentation（表象）」という伝統的な訳語を用いる．

[28] 人間のもつあらゆる表象は理性的であるということ，つまり，言語において言表されることが可能であるということに注意（ディオゲネス・ラエルティオス『哲学者列伝』7.51）．

[29] 偽プルタルコス『哲学者たちの自然学説誌』4.11（LS39E）.

[30] 同上. 4.12（LS39B）.

[31] セクストス・エンペイリコス『学者たちへの論駁』7.242–246（LS39G）.

[32]「カタレープシス（*katalêpsis*）」という語を「compréhension（把握）」という語で訳すのは，キケロによるラテン語訳から来ている．キケロはほかに，「*cognitio*」と「*perceptio*」の二つの訳語も用いている（『アカデミカ後書』2.17，2.145＝LS41A参照）.「compréhension（把握）」という語は，表象とは開かれた手のようなものであるがカタレープシスとは対象を「つかむ」握りこぶしのようなものであるという，手の比喩から来ている．「perception」は，「完全に（*kata/per*）つかむ」という，語源からの訳語である.

[33] セクストス『学者たちへの論駁』7.248（LS40E），キケロ『アカデミカ後書』2.77（LS40D）.

[34] キケロ『善と悪の究極について』3.72，ディオゲネス・ラエルティオス『哲学者列伝』7.46–48，PHerc. 1020.

[35] この理論は，たとえばフレーゲにおける記号，意味，指示対象の区別のような，近代論理学の理論とよく比較される.

[36] 名詞の格についての最初の理論はアリストテレスによるものである．アリストテレスは，名詞とその形態変化，あるいは名詞の「格」（すなわち，主格以外の機能における名詞の形態）とを区別した〔『詩学』20章を参照〕．フランス語で格を残している場合は稀である．たとえば，代名詞「je（私が）」は主格であるが，「me（私を／私に）」は同一の代名詞の斜格である．アリストテレスと異なり，ストア派においては，直格（主格）が存在し，格は言葉ではなく表示されるものである.

[37] ディオゲネス・ラエルティオス『哲学者列伝』7.66–68，セクストス『学者たちへの論駁』8.71–74.

[38] 本書90–91頁を参照.

[39] セネカ『倫理書簡集』117.13（LS33E）も参照.

[40] セクストス『学者たちへの論駁』8.85（LS34D）.

[41] セクストス『ピュロン主義哲学の概要』2.229–234（LS37A），エピクテトス1.7.20–21など.

[42] ディオゲネス・ラエルティオス『哲学者列伝』7.69–70（LS34K），セクストス『学者たちへの論駁』8.93–98（LS34H）.

[43] ディオゲネス・ラエルティオス『哲学者列伝』7.71–74．また，

LS35にまとめられているテクストを参照.

〔44〕セクストス『学者たちへの論駁』1.309–310, 8.112–117,『ピュロン主義哲学の概要』2.110–113 (LS35B), キケロ『宿命について』14–15.

〔45〕ボエティウス『アリストテレス「命題論」注解』3.9.234頁.1–235頁.11. ディオゲネス・ラエルティオス『哲学者列伝』7.75(LS38D).

〔46〕セクストス・エンペイリコス『ピュロン主義哲学の概要』2.135–143 (LS36B).

〔47〕ディオゲネス・ラエルティオス『哲学者列伝』7.76–81 (LS36A). ここでの「第一」と「第二」は命題を表わす.

〔48〕セクストス・エンペイリコス『学者たちへの論駁』8.229 (LS36G).

〔49〕キケロ『善と悪の究極について』3.52.

〔50〕ストバイオス『精華集』2.7.100頁.18–19 (SVF3.208).

〔51〕ストバイオス『精華集』2.7.86頁.17–18 (LS53Q).

〔52〕セネカ『倫理書簡集』113.18 (SVF3.169).

〔53〕プルタルコス『ストア派の自己矛盾について』1037F (LS53R).

〔54〕ディオゲネス・ラエルティオス『哲学者列伝』7.85–86 (LS57A).

〔55〕プルタルコス『ストア派の自己矛盾について』12.1038C.

〔56〕ヒエロクレス「断片」(ストバイオス『精華集』4.27.671頁.3–673頁.18 (LS57G)). プルタルコス『ストア派の自己矛盾について』12.1038B (LS57E) も参照.

〔57〕ポルピュリオス『肉断ちについて』3.19 (SVF1.197).

〔58〕キケロ『善と悪の究極について』3.20–21 (LS59D). 以下も参照. 3.33–34 (LS60D), セネカ『倫理書簡集』120 (LS60E). 自然に調和した行為の観察と相互比較は, 身体の健康と強さとの類比によって, 善の概念を理解することへと導く.

〔59〕ストバイオス『精華集』2.7.77頁.16–17 (LS63A), 46頁.5–7 (SVF3.2).

〔60〕同上, 77頁.25–27 (LS63A3).

〔61〕キケロ『善と悪の究極について』3.22 (LS64F).

〔62〕ストバイオス『精華集』2.7.77頁.18–19 (LS63A).

〔63〕同上, 75頁.11–76頁.8 (LS63B).

〔64〕キケロ(『善と悪の究極について』4.14)は,「知識 (scientia)」と翻訳している.

〔65〕ディオゲネス・ラエルティオス『哲学者列伝』7.89 (LS61A). ストバイオス『精華集』2.7.60頁. 7–8 (SVF3.262) も参照.

[66] キケロ『トゥスクルム荘対談集』4.34，セネカ『倫理書簡集』76.10（LS63D）．

[67] ストバイオス『精華集』2.7.73頁.19–21（LS41H）．本書32–33頁を参照．

[68] ディオゲネス・ラエルティオス『哲学者列伝』7.126．

[69] ストバイオス『精華集』2.7.66頁.20–67頁.1（LS61G）．

[70] プルタルコス『倫理的徳について』2.441A（LS61B）．プルタルコスによるこれと類似するテクストである『ストア派の自己矛盾について』7.1034C（LS61C）の大半の校訂によれば，ゼノンがこのような一般的な意味での思慮と特殊的な思慮とを区別したというように読めるが，この区別は現代の校訂者たちによって加えられたものであり，写本には存在しない．

[71] ストバイオス『精華集』2.7.59頁.4–11（LS61H）．ディオゲネス・ラエルティオス『哲学者列伝』7.92も参照．

[72] ストバイオス『精華集』2.7.63頁.11以下（LS61D）を参照．

[73] プルタルコス『ストア派の自己矛盾について』7.1034C（LS61C）．プラトンの『法律』12.964bおよび『国家』4.441c–442c（ただし，『国家』においては，「思慮」の代わりに「知恵」と言われている）を参照．

[74] ただし，別の箇所（『精華集』2.7.60頁.12＝LS61H）では，ストバイオスは「思慮は適切なことにかかわる」と述べており，思慮により控えめな役割を与えている．本書69頁を参照．

[75] ストバイオス『精華集』2.7.46頁.5–6（SVF3.2）．

[76] 以下の資料も参照．キケロ『善と悪の究極について』3.58，ストバイオス『精華集』2.7.85頁13–86.4（LS59B）を参照．

[77] ディオゲネス・ラエルティオス『哲学者列伝』7.108．ストバイオス『精華集』2.7.85頁.13–86頁.4（LS59B）を参照．

[78] ストバイオス『精華集』2.7.85頁.20–86頁1（LS59B），同96頁.18–97頁.14（LS59M）．

[79] ストバイオス『精華集』2.7.85頁.13–86頁.4（LS59B）．

[80] セクストス・エンペイリコス『学者たちへの論駁』11.200（LS59G）．

[81] ストバイオス『精華集』2.7.60頁.12–15（LS61H）．

[82] キケロ『トゥスクルム荘対談集』4.22–23，『アカデミカ後書』1.39を参照．

[83] ガレノス（『ヒッポクラテスとプラトンの学説』4.3.2–5＝LS65K）によれば，ストア派はこれら二つの主張のあいだで揺れていたようである．

〔84〕キケロ『アカデミカ後書』1.39.
〔85〕とくに以下の資料を参照．プラトン『ティマイオス』69a–72b,『パイドロス』253c–254e.
〔86〕プルタルコス『倫理的徳について』3.446F (SVF3.459).
〔87〕セネカ『倫理書簡集』113.18 (SVF3.169).
〔88〕セネカ『怒りについて』2.3–4.
〔89〕キケロ『トゥスクルム荘対談集』4.11, ガレノス『ヒッポクラテスとプラトンの学説』4.2.10 (LS65J).
〔90〕ガレノス『ヒッポクラテスとプラトンの学説』4.2.10–18 (LS65J).
〔91〕アプロディシアスのアレクサンドロス『宿命について』28 (LS61N).
〔92〕ディオゲネス・ラエルティオス『哲学者列伝』7.127, プルタルコス『ストア派の自己矛盾について』10.1063A–B (LS61T).
〔93〕セクストス・エンペイリコス『学者たちへの論駁』7.433 (SVF3.657).
〔94〕ストバイオス『精華集』2.7.99頁.3–100頁.7 (SVF1.216).
〔95〕Cf. M.Schofield, *The Stoic Idea of the City*, Cambridge, 1991.
〔96〕以下を参照．ディオゲネス・ラエルティオス『哲学者列伝』7.135–136, 142–143, 153–154.
〔97〕プルタルコス『ストア派の自己矛盾について』9.1035A–B (LS26C).
〔98〕アプロディシアスのアレクサンドロス『アリストテレス「トピカ」注解』301頁.19–25 (LS27B), セクストス・エンペイリコス『学者たちへの論駁』10.218 (LS27D).
〔99〕本書30–32頁を参照．LS (2巻20頁) は,「虚構的なもの」のことを, 物体でも非物体でもないものと考えるように提案している．
〔100〕しかしながら, この図において, 存在の段階に応じた位階秩序（石を最底辺, 理性的な動物を最高位とし, その中間に植物と非理性的な動物が位置する．本書87–88頁を参照）は考慮されていないことを注意したい．
〔101〕ガレノス『性質は非物体的であるということ』464頁.10–14 (LS49E).
〔102〕ガレノス『性質は非物体的であるということ』483頁.13–16 (LS49F).
〔103〕セクストス・エンペイリコス『学者たちへの論駁』8.263 (LS45B).
〔104〕セクストス・エンペイリコス『学者たちへの論駁』10.218 (LS27D).

[105]本書38–46頁と，91頁を参照．

[106]ストバイオス『精華集』1.8.104頁.6–107頁.7（SVF1.93+2.509. LS51Bに部分的に収録）．

[107]SVF2.371．シンプリキオス『アリストテレス「カテゴリー論」注解』66頁32–67頁2（LS27F）を参照．

[108]シンプリキオス『アリストテレス「カテゴリー論」注解』62頁.25–26．ポルピュリオス『アリストテレス「カテゴリー論」注解』86頁.23を参照．

[109]シンプリキオス『アリストテレス「カテゴリー論」注解』48頁.11–16（LS28E）．

[110]同上212頁.12–213頁.1（LS28N）．

[111]セクストス・エンペイリコス『ピュロン主義哲学の概要』2.81（LS33P）．

[112]シンプリキオス『アリストテレス「カテゴリー論」注解』166頁15–29（LS29C）．

[113]代表的なものとして，以下を参照．A.Graser, 'The Stoic Ctegories', in J. Brunschwig (dir.), *Les Stoïciens et leur logique*, Paris, 1978, p. 199–222.言葉の部分については，本書38–40頁を参照．

[114]ネメシオス『人間の自然本性について』164頁.15–18（LS47D）．

[115]アプロディシアスのアレクサンドロス『混合について』225頁.1–2（LS45H）．

[116]カルキディウス『プラトン「ティマイオス」注解』c. 292（LS44D）．

[117]ディオゲネス・ラエルティオス『哲学者列伝』7.137．プルタルコス『共通観念について』50.1086A（SVF2.380）．

[118]フリードリヒ・ニーチェ『この人を見よ』，『悲劇の誕生』3．

[119]ストバイオス『精華集』1.10.129頁.2–130頁.13（LS47A）．

[120]ネメシオス『人間の自然本性について』c. 38.309頁. 5–311頁2（LS52C）．

[121]オリゲネス『ケルソス論駁』5.20を参照．

[122]アプロディシアスのアレクサンドロス『アリストテレス「分析論前書」注解』180頁.33–36（LS52F）．

[123]キケロ『アカデミカ前書』1.39（LS45A），ネメシオス『人間の自然本性について』78頁.7–79頁.2（LS45C），81頁6–10（LS45D）．

[124]カルキディウス『プラトン「ティマイオス」注解』c. 220（LS53G）．

[125]ガレノス『ヒッポクラテスとプラトンの学説』3.1.170頁9–10

(SVF2.885).

[126] 偽ガレノス『概論，医者』9.697頁6–8K (LS47N)，セクストス『学者たちへの論駁』9.130 (SVF3.370)，9.78–84 (SVF2.1013).

[127] ディオゲネス・ラエルティオス『哲学者列伝』7.156，キケロ『神々の自然本性について』2.57 (SVF1.71).

[128] 偽プルタルコス『哲学者たちの自然学説誌』5.15–16.907C–E (SVF2.754, 756).

[129] ヒエロクレス『倫理学要綱』1.17–18, 21–22 (LS53B). プルタルコス『冷の原理について』2.946C,『ストア派の自己矛盾について』41.1052F,『共通観念について』1084D–E (SVF2.806).

[130] LS53Bにおいては，胎児の気息が「連続した動きで煽られて薄くなり，量の点では魂となる」とヒエロクレスが述べている重要な一文が省略されている.

[131] アプロディシアスのアレクサンドロス『混合について』216頁.14–218頁.6 (LS48C).

[132] このような「ミクシス」と「クラーシス」の区別については，ストバイオス『精華集』1.17.153頁.23–155頁.14 (SVF2.471) で説明されている (LS48Dでは部分的にしか収録されていない. 289頁注3を参照).「クラーシス」という語は，資料においてしばしば魂と身体の混合に適用される.

[133] 偽プルタルコス『宿命について』11.574E–F (SVF2.912). 以下の資料も参照. キケロ『宿命について』5–11,『占いについて』2.33–35.

[134] エウセビオス『福音の備え』6.8.25 (LS62F).

[135] ストバイオス『精華集』1.13.138頁.14–139頁.4 (LS55A).

[136] LS55C–Dに部分的に収録されている. この箇所の完全な仏訳が，以下に含まれている. J.-J. Duhot, *La Conception stoïcienne de la causalité*, Paris, 1989, p. 273–278.

[137] クレメンス『ストロマテイス (綴織)』8.9 (LS55I).

[138] アウルス・ゲッリウス『アッティカの夜』7.2.4–12 (LS55K).

[139] ストバイオス『精華集』1.5.15.79頁.1 (LS55M).

[140] プルタルコス『ストア派の自己矛盾について』34.1050B.

[141] 偽プルタルコス『宿命について』9.574E–F (SVF2.912). ここで問題とされているのは，明らかに，クリュシッポスの『宿命について』における議論である.

[142] キケロ『宿命について』41 (LS62C5) を参照.

[143] 本書40–43頁を参照.

[144] キケロ『宿命について』20–21（LS38G）.

[145] キケロ『宿命について』28–29（LS70G）. オリゲネス『ケルソス論駁』2.20を参照.

[146] エウセビオス『福音の備え』6.8.25–27（LS62F），キケロ『宿命について』30（LS55R）.

[147] キケロ『宿命について』41–43（LS62C）. アウルス・ゲッリウス『アッティカの夜』7.2.4–12（LS55K）を参照. なお，「私たち次第である」同意については，以下の資料を参照. キケロ『アカデミカ前書』2.37–38，『アカデミカ後書』1.40（LS40B）.

[148] アウルス・ゲッリウス『アッティカの夜』7.2.12（LS55K）.

[149] 同上，7.1.1–13（LS54Q）.

[150] エピクテトス『語録』2.6.9（LS58J）に引用された，クリュシッポスの言葉.

第二章　ローマ期のストア派（前一世紀から後三世紀まで）

[1] キケロ『アカデミカ前書』2.69.

[2] *Dictionnaire des philosophes antiques*, 4巻M181. 以下も参照. D. Sedley, 'The School, from Zeno to Arius Didymus', in B. Inwood, *The Cambridge Companion to Stoic Philosophy*, Cambridge, 2003, p. 26–28.

[3] D. Sedley, *ibid*., p. 26–28.

[4] *Dictionnaire des philosophes antiques*, 1巻A324を参照.

[5] ディオ・カッシウス『ローマ史』72.31.3，ルキアノス『宦官』3，ピロストラトス『ソフィスト列伝』2.2.566. 以下も参照. S. Toulouse, 'Les chaires impériales à Athènes aux IIe et IIIe siècles', dans H. Hugonnard–Roche (dir.), *L'Enseignement supérieur dans les mondes antiques et médiévaux*, Paris, 2009, p. 127–174.

[6] オリゲネス『ケルソス論駁』7.56，『殉教の勧め』29，『マタイ福音書注解』92.

[7] P. Hadot, *Qu'est–ce que la philosophie antique?*, Paris, 1996, p. 232–237. エピクテトスについては，『語録』1.10.8，3.21.6–7，3.23.37を参照.

[8] この表現はA. Schmekel（*Die Philosophie der mittleren Stoa*, Berlin, 1892）によるものである.

[9] ガレノス『悲しみを避けることについて』13. 詳しくは以下を参照. J.-B. Gourinat, « 'Le Platon de Panétius'. A propos d'un

témoignage inédit de Galien », *Philosophie antique* (8), 2008, p. 139–151.

〔10〕キケロ『義務について』1.29, 101, 132. ネメシオス『人間の自然本性について』26（パナイティオス　T121–126）.

〔11〕ディオゲネス・ラエルティオス『哲学者列伝』7.92（パナイティオス T67), キケロ『義務について』1.15–17 (T 56).

〔12〕ガレノス『ヒッポクラテスとプラトンの学説』5.5.8–26（ポセイドニオス　F169, LS65M). 以下の箇所も参照. 5.6.22–26 (F162, LS65Q), 4.7.24–42 (F165, LS65P).

〔13〕以下を参照. T. Tieleman, *Chrysippus' On affections*, Leiden, 2003, p. 198–287.

〔14〕アレクサンドリアのクレメンス『ストロマテイス（綴織）』5.14 (SVF3. アンティパトロス 56).

〔15〕「寛恕とは, 罰する権力をもっているときの, 魂の節制である. あるいは, 優位にある者が劣位にある者に対して, その罰を決めるときにもつ寛大さである.」(2.3).

〔16〕たとえば, オウィディウス『悲しみの歌』1.15.

〔17〕エピクテトスが親近化に言及するのは稀である.『語録』1.19.15,『提要』30. 以下を参照. A. Long, *Epictetus*, Oxford, 2002, chap. vii.

〔18〕1.29.1. 以下の箇所も参照. 1.8.16, 4.5.32, 1.25.1–4, 2.1.5–6, 2.16.1, 3.3.8, 4.10.8, 4.12.7.

〔19〕初期ストア派において,「オレクシス」は衝動の一種とされる（本書70頁の表2を参照）が, エピクテトスにおいてはそうではない. さらに, エピクテトスにおける「オレクシス」を初期ストア派における「欲望（エピテューミアー）」と混同するべきではない.

〔20〕「美しい少女を見たとき, お前はこの表象に抵抗するか？」(『語録』3.2.8).

〔21〕『語録』3.8.5. 以下を参照. P. Hadot, *La Citadelle intérieure*, p. 119–129.

〔22〕『語録』3.2.1–6. 以下の箇所も参照. 1.4.11–12, 2.17.14–17, 3.12, 3.22.104. これらの三つの主題は, マルクス・アウレリウス（とくに7.54, 8.7, 9.6）において確認される.

〔23〕P. Hadot, *La Citadelle intérieure*, p. 106–115.

〔24〕同上, p. 249–255. マルクス・アウレリウス『自省録』9.1を参照.

〔25〕一度だけ,『自省録』11.36においてこの概念が確認されるが, し

かしこれはエピクテトスからの引用である．

〔26〕ストバイオス『精華集』2.7.9a.87頁.14–22W.（SVF3.173）.

〔27〕アリストテレス『ニコマコス倫理学』3.5.1113a.9–11.

〔28〕厳密に言えば，プロアイレシスは自由ではない．というのも，「自由な人とは，その人にとってすべてが自分の選択（プロアイレシス）に適った仕方で生じる人のことである」からである（『語録』1.12.9）.

〔29〕『語録』2.10.『提要』30も参照.

第三章　ストア派のその後と現在

〔1〕本書38–40頁を参照.

〔2〕ストア派は，医学の進歩に対してどちらかというと遅れをとっていた．神経系の発見により，ヘロピロスは脳を知性の中心であるとしたが，クリュシッポスはヘロピロスによる解剖学的な発見は決定的でないとなお考え，ガレノス（『ヒッポクラテスとプラトンの学説』1.7）によれば，ヘロピロスの師であるプラクサゴラスの心臓中心説に固執した.

〔3〕『学説彙纂』25.4.1.1．このような主張が中絶の権利の根拠となった．以下を参照．E. Nardi, *Procurato aborto nel mondo greco romano, Milan*, 1971, p. 145 *sq*.

〔4〕オリゲネスがストア派から着想を得たというポルピュリオスの証言（エウセビオス『教会史』6.19.4–8）を参照.

〔5〕第一章注［12］を参照.

〔6〕『ストア派の自然学』1.14．ライプニッツ『弁神論』379を参照.

〔7〕J. Łukasiewicz, ‘Contribution à l’histoire de la logique des propositions’ (1934), trad. fr., in J. Largeault (dir.), *Logique mathématique. Textes*, Paris, 1972, p. 10–25.

〔8〕ユストゥス・リプシウス『ストア派の自然学』1.14（cf. J. Lagrée, *Juste Lipse et la restauration du stoïcisme*, Paris, 1994, p. 52）.

〔9〕‘Testing Epictetus’ Doctrines in a Laboratory of Human Behaviour’, *Bulletin of the Institute of Classical Studies*, XL (1995), p. 1–13 (*Thoughts of a Philosophical Fighter Pilot*, Stanford, 1995, p. 185–201)．以下も参照．N. Sherman, *Stoic Worriors. The Ancient Philosophy behind the Military Mind*, New York, 2005, p. 1–17.

〔10〕Leibniz, *Die philosophischen Schriften*, hrsg. von C. I. Gerhardt,

Bd. IV, p. 298–299.

〔11〕以下を参照. J.-B. Gourinat, 'Stoicism Today', *Iris*, 1(2) (2009) p. 497–511.

文献表

原典

断片と出典

Diogène Laërce, *Vies et doctrines des stoïciens* [livre VII des *Vies*], trad. R. Goulet, Paris, LGF, 2006 (texte grec : éd. T. Dorandi, Cambridge, 2013).〔原典からの邦訳：ディオゲネス・ラエルティオス『ギリシア哲学者列伝』上中下，加来彰俊訳，岩波書店，1984-1994年〕

LS : A. Long et D. Sedley, *Les Philosophes hellénistiques*, vol. II, *Les Stoïciens*, Paris, GF, 2001.

SVF : H. von Arnim, *Stoicorum Veterum Fragmenta*, 4 vol., Leipzig, Teubner, 1903-1924.〔原典からの邦訳：ゼノンほか『初期ストア派断片集』1-5，中川純男ほか訳，京都大学学術出版会，2000-2006年〕

Les Stoïciens, trad. É. Bréhier et éd. sous la direction de P.-M. Schuhl, Paris, Galllmard, « Bibliothèque de la Pléiade », 1962.

Posidonius, *The Fragments*, éd. L. Edelstein et I. G. Kidd, 3 vol., Cambridge, 1972-1999.

Panetius, *Testimonianze*, éd. F. Alesse, Naples, 1997.

現存作品

Sénèque, *Entretiens. Lettres à Lucilius*, Paris, R. Laffont, 1993 (édition de la collection « Budé »).〔原典からの邦訳：セネカ『倫理書簡集』1-2，高橋宏幸，大芝芳弘訳，岩波書店，2005-2006年〕

Télès et Musonius, *Prédications*, Paris, Vrin, 1978.

Épictète, *Entretiens*, éd. et trad. J. Souilhé et A. Jagu, 4 vol., Paris, Les Belles-Lettres, 1943-1969.〔原典からの邦訳：エピクテートス『人生談義』鹿野治助訳，岩波書店，1958年〕

Arrien, *Manuel d'Épictète*, intr., trad. et notes par P. Hadot, Paris, LGF, 2000 (texte grec éd. G. Boter, Berlin-New York, BT, 2007).〔原典からの邦訳：エピクテートス『人生談義』鹿野治助訳，岩波書店，1958年〕

Marc Aurèle, *Écrits pour lui-même*, éd. et trad. P. Hadot, Paris, Les

Belles-Lettres, t. I, 1998 ; éd. J. Dalfen, *Marci Aurelii Antonini Ad se ipsum libri XII*, Leipzig, BT, 1987.〔原典からの邦訳：マルクス・アウレーリウス『自省録』神谷美恵子訳，岩波書店，2007年（改版）〕

研究文献

DPhA : R. Goulet (dir.), *Dictionnaire des philosophes antiques*, Paris, CNRS Éd., 6 vol. et un supplément parus depuis 1989.

Ackeren M. van (éd.), *A Companion to Marcus Aurelius*, Malden-Oxford, 2012.

Algra K. *et alii, The Cambridge History of Hellenistic Philosophy*, Cambridge, 2005.

Atherton C., *The Stoics on Ambiguity*, Cambridge, 1993.

Barnes J., *Logic and the Imperial Stoa*, Leyde, 1997.

Bénatouïl T., *Faire usage : la pratique du stoïcisme*, Paris, 2006.

——, *Les Stoïciens*, III, *Musonius, Épictète, Marc Aurèle*, Paris, 2009.

Bobzien S., *Determinism and Freedom in Stoic Philosophy*, Oxford, 1998.

Bonhöffer A., *Epictet und die Stoa*, Stuttgart, 1890.

——, *Die Ethik des Stoikers Epictet*, Stuttgart, 1894.

Bréhier É., *La Théorie des incorporels dans l'ancien stoïcisme*, Paris, 1908.

——, *Chrysippe et l'ancien stoïcisme*, Paris, 1951.

Brennan T., *The Stoic Life. Emotions, Duties and Fate*, Oxford, 2005.

Brunschwig J. (dir.), *Les Stoïciens et leur logique* (1978), Paris, 2006, 2e éd.

Colardeau T., *Étude sur Épictète*, Paris, 1903 ; rééd. Fougères, 2004.

Duhot J.-J., *La Conception stoïcienne de la causalité*, Paris, 1989.

——, *Épictète et la sagesse stoïcienne*, Paris, 1996.

Forschner M., *Die Stoische Ethik*, Darmstadt, 1995.

Frede M., *Die Stoische Logik*, Göttingen, 1974.

——, *Essays in Ancient Philosophy*, Oxford, 1987.

Goldschmidt V., *Le Système stoïcien et l'Idée de temps*, Paris, 1953.

Goulet-Cazé M.O., *Les Kynika du stoïcisme*, Stuttgart, 2003.

Gourinat J.-B., *Les Stoïciens et l'Âme*, Paris, 1996.

——, *Premières leçons sur le Manuel d'Épictète*, Paris, 1998.

——, *La Dialectique des stoïciens*, Paris, 2000.
——, (dir.), *L'Éthique du stoïcien Hiéroclès, Philosophie Antique*, hors-série, Presses universitaires du Septentrion, 2016.
Gourinat J.-B., Romeyer Dherbey G. (dir.), *Les Stoïciens*, Paris, 2005.
Gourinat J.-B., Barnes J. (dir.), *Lire les stoïciens*, Paris, 2009.
Graver M., *Stoicism and Emotions*, Chicago, 2007.
Griffin M., *Seneca. A Philosopher in Politics*, Oxford, 1976.
Hadot I., *Sénèque. Direcrion spirituelle et pratique de la philosophie*, Paris, Vrin, 2014.
Hadot P., *La Citadelle intérieure. Introduction aux Pensées de Marc Aurèle*, Paris, 1992.
Hahm D., *The Origins of Stoic Cosmology*, Columbus, 1977.
Ildefonse F., *Les Stoïciens*, I, *Zénon, Cléanthe, Chrysippie*, Paris, 2000.
Inwood B., *Ethics and Human Action in Early Stoicism*, Oxford, 1985.
——, (éd.). *The Cambridge Companion to Stoic Philosophy*, Cambridge, 2003.
——, *Reading Seneca : Stoic Philosophy at Rome*, Oxford, 2005.
Ioppolo A. M., *Opinione e scienza. Il dibattito tra Stoici e Academici nel III e nel II secolo a. C.*, Naples, 1986.
Laurand V., *Stoïcisme et lien social. Enquête autour de Musonius Rufus*, Paris, 2014.
Long A., *Stoic Studies*, Cambridge, 1996.
——, *Epictetus. A Stoic and Socratic Guide to Life*, Oxford, 2002.
——, *From Epicurus to Epictetus*, Oxford, 2006.
Mikeš V., *Le Paradoxe stoïcien : liberté de l'action déterminée*, Paris, Vrin, 2016.
Monteils-Laeng L., *Agir sans vouloir. Le problème de l'intellectualisme moral dans la philosophie ancienne*, Paris, 2014.
Muller R., *Les Stoïciens. La liberté et l'ordre du monde*, Paris, 2006.
Reydams-Schils G., *Demiurge and Providence, Stoic and Platonist Readings of Plato's Timaeus*, Turnhout, 1999.
——, *The Roman Stoics*, Chicago, 2005.
Salles R. (éd.), *God and Cosmos in Stoicism*, Oxford, 2009.
Schofield M., *The Stoic Idea of the City*, Cambridge, 1991.
Tieleman T., *Galen and Chrysippus an the Soul. Argument and Refutation in the De Placitis, Books II-III*, Leyde, 1996.

——, *Chrysippus on Affections*, Leyde, 2003.
Veillard C., *Les Stoïciens*, II, *Le stoïcisme intermédiaire*, Paris, 2015.
——, *Les Stoïciens. Une philosophie de l'exigence*, Paris, 2017.
Voelke A.-J., *L'Idée de volonté dans le stoïcisme*, Paris, 1973.
Vogt K., *Law, Reason and the Cosmic City : Political Philosophy in the Early Stoa*, Oxford, 2008.